Clemens Bruno Gatzmaga

Jacob träumt nicht mehr

CLEMENS BRUNO GATZMAGA

Jacob träumt nicht mehr

Roman

Karl **Rauch**

1

Es ist drückend schwül, ein fetter Sumpfgrashüpfer springt mir zum dritten Mal gegen die Brust und auf dem knorrigen Ast über mir sitzt ein Rabe und macht sich über das Wenige lustig, was ich bisher über das Leben zu wissen gemeint habe. Andere machen Weltreisen, um sich selbst zu finden, meditieren oder schreiben einen Roman, krächzt er, du hingegen bist idiotisch genug, dich in einem mickrigen Waldstück zu verlaufen und bis zum Bauchnabel in einem stinkenden Moor einzusinken.

Immerhin freuen sich die Stechmücken über meine Anwesenheit. In Nullkommanichts hat sich knapp über meinem Kopf ein ganzer Schwarm eingefunden. So zielstrebig wie er mich angesteuert hat, könnte man meinen, das wäre alles von langer Hand geplant. Schon sticht es mich am linken Arm, dann am rechten; wie schön, ein Pärchen. Ich schlage um mich und beschmiere mich weiter mit Matsch, egal, die Klamotten sind ohnehin ruiniert. Es folgt ein erneuter, mittlerweile recht verzweifelter Anlauf, mich zu befreien, ich versuche, wie ein Delfin aus dem Wasser zu springen. Fehlt nur leider die Schwanzflosse.

Mir rinnt der Schweiß von der Stirn, bauchnabelabwärts beginne ich dagegen zu frieren. Ich verfluche die Sommerhitze, das Moor und die Mücken. Verfluche jeden Baum, jeden Vogel und jeden Fisch. Verfluche die Banker, die Anzugträger, die Marketingmenschen. Aber vor allem verfluche ich: mich. Hätte ich doch meinen Agenturjob behalten, dann säße ich jetzt in einem klimatisierten Besprechungsraum, würde ein nichtssagendes Gespräch führen und müsste mir darüber hinaus keine Gedanken machen.

In absehbarer Zeit hätte man mich ins Management befördert, mir einen netten Bonus ausgezahlt, und ich hätte mir endlich eine Brille mit transparentem Rahmen zugelegt. Hätte bei Präsentationen am Tischende Platz genommen und einem anderen Jungspund dabei zugeschaut, wie er an meiner Stelle Konzepte und Budgets verteidigt. Hätte noch mehr Follower gesammelt, noch mehr Ansehen genossen. Geheiratet, Kinder gezeugt, eine Eigentumswohnung gekauft. Oder ein Haus gebaut. Oder was man halt so macht als junger, privilegierter weißer Mann.

Außerdem: Habe ich sie nicht auch geliebt, meine Arbeit? Habe ich nicht immer zu den Gewinnern gehört, immer alles richtig gemacht? Und wenn man es ganz objektiv betrachtet: Hab ich es als Endzwanziger karrieretechnisch nicht schon viel weiter gebracht als andere mit Ende dreißig? Hat die Arbeitswoche halt 70 Stunden, ein bisschen

Stress – na und? Trägt das eigene Handeln nicht zum Weltfrieden bei – wen kümmert das? Was wollte ich eigentlich? Gibt doch Schlimmeres. Zum Beispiel sich auf der Suche nach – ja, nach was eigentlich? – im Wald zu verlaufen und im Moor zu versinken.

»Glaub an deine Träume«, sagen sie, da sind sich doch alle einig. Aber was, wenn man an sie glaubt, und am Ende bleibt nichts außer Hirngespinsten? Bei der Karriereleiter weiß man wenigstens, was oben auf einen wartet. Auf den gesellschaftlichen Status oder den Kontostand, darauf kann man sich verlassen. Aber auf die Träume?

Von wegen Waldgeister, von wegen Megalithen – alles Märchen. An die glauben vielleicht Kinder, Nachwuchsführungskräfte mit high Potential und großer Zukunft sicher nicht. Ich bin in eine Falle getappt. Zur Strafe stecke ich jetzt hier fest und kann nichts anderes tun, als mir den Kopf darüber zu zerbrechen, wie es nur so weit kommen konnte.

Keine sechs Monate sind vergangen, seitdem mein Diensthandy klingelte und der Name unseres Agenturchefs, dem CEO, auf dem Bildschirm erschien. Dennoch kommt es mir vor wie eine Ewigkeit. Damals saß ich gerade an meinem höhenverstellbaren Designer-Schreibtisch, die Noise-Cancelling-Kopfhörer auf den Ohren und arbeitete vor unserem Daily Stand-up-Meeting noch meine To-do-Liste ab, die ich wie immer am Vorabend per E-Mail an mich selbst geschickt hatte.

Neben meiner Tastatur stand ein leerer Coffee-to-go-Becher, das Käsebrötchen vom Vortag lag, immer noch in Papier eingewickelt, daneben. Draußen peitschte der Wind den Regen gegen die Fenster, das neue Jahr hatte bisher nur graue Tage gebracht. Trotzdem ließ ich mein Hallo wie vier Wochen Sonnenschein klingen, als ich nach dem zweiten Klingeln ans Handy ging.

Wenn der CEO mich anrief, was selten vorkam, fragte er mich zunächst nach meinem Befinden oder er bot mir an, mich irgendwo zu unterstützen, bevor er zu seinem eigentlichen Anliegen kam – diesmal hielt er sich nicht lange mit Vorgeplänkel auf. »Ich nehme an, du liest das monatliche Management-Reporting im Intranet, dann weißt du ja, dass wir schon lange bei den Financial Services aufrüsten wollen. Da muss mehr Power in die Sales Pipe. Seit Monaten bin ich an unseren Kontakten dran – jetzt gerade die E-Mail von der Bank, Einladung zum Pitch, soll ums Smartbanking gehen. In vier Wochen ist Präsentation.«

Der CEO sprach in diesem ihm eigenen Ton, der wie so oft übergangslos von flauschig sanft zu rasiermesserscharf wechselte. »Ich sehe das bei dir im Team. Digital Transformation, eine App für Millennials, genau eure Target Group. Eine Chance, die ihr neben dem laufenden Projektgeschäft unbedingt nutzen solltet. Könnt ihr nur dran wachsen. Ich wünsche mir da dein Commitment. Also, wenn du euch das zutraust, schick ich dir das Briefing asap rüber.«

Hätte ich abgelehnt und erklärt, dass wir mit der Digitalisierung der Kundenkarte für eine Supermarktkette genug zu tun haben, hätte er vermutlich gehadert, mir aber auch nichts vorwerfen können. Hätte ich geantwortet, dass ich kurz davor war, mit Stella meinen ersten Urlaub seit gut einem Jahr zu buchen – auch gut. Ich wäre niemals hier im Moor gelandet. »Klar«, sagte ich stattdessen mit falscher Lässigkeit, ohne weiter groß darüber nachzudenken, »schick rüber.«

Es nahmen noch vier weitere Agenturen an der Ausschreibung teil. Bei zweien handelte es sich um namhafte Konkurrenten. Eine der Agenturen hatte Nicki abgeworben, nachdem ihm bei uns der Posten des Teamleiters verwehrt worden war, die andere verwaltete den derzeitigen Marketing-Etat der Bank. Wer die restlichen Mitbewerber waren, fanden wir nicht heraus. Was meistens bedeutete, dass es sich um kleinere Büros handelte, die zwar billigere Angebote schnüren und flexibler agieren konnten, den Entscheidern aber selten die Sicherheit einer Agentur boten, die wie wir rund 200 Mitarbeiter an verschiedenen Standorten beschäftigte.

Die Briefing-Unterlagen enthielten einen zehnseitigen Katalog mit Anforderungen, die alle Pitchbeiträge zu erfüllen hatten. Man wollte die jüngere Generation zwischen 16 und 34 Jahren mit einem »innovativen Konzept« für das Smartbanking gewinnen oder halten, gleichzeitig sollten ältere Bestandskunden nicht vergrault werden. »Traditionell und urban« solle sich das digitale Bankkonto zukünftig anfühlen, »Banking für alle« sein und gleichzeitig »den besonderen Anforderungen der Millennials gerecht werden«.

Wie es der CEO bereits angekündigt hatte, passte das genau zu unserem Profil. Erstens, weil wir das jüngste Team innerhalb der Agentur waren, das, zweitens, von einem Millennial, mir, geleitet wurde. Und drittens, weil wir beziehungsweise unsere Praktikanten, regelmäßig Umfragen durchführten, auf deren Basis wir bunte Studien darüber entwarfen, wie man Werbebotschaften verpacken musste, um diese Zielgruppe zu erreichen. Gegen eine E-Mail-Adresse konnte man sich die Studien auf unserer Webseite herunterladen – und das taten die Marketeer dieser Welt dann auch hundertfach. So hatte es sich ergeben, dass wir an einen Kontakt bei der Bank gekommen waren und nun zu dem elitären Kreis gehörten, der am Smartbanking-Pitch teilnehmen durfte.

Zwei Tage nach Eintreffen des Briefings gab es die Möglichkeit, in einem Telefongespräch mit Tom, dem neuen Digitalchef der Bank, Fragen zu klären, die sich aus den Unterlagen ergaben. Wie üblich nutzten wir das Rebriefing, um mehr über den Auftraggeber zu erfahren und gleichzeitig eine erste Duftmarke zu setzen.

Bei meiner Recherche im Internet fand ich heraus, dass mein Pendant in meinem Alter sein musste und im Ausland bereits bei zwei aufstrebenden Start-ups eigene Teams zur Datenanalyse aufgebaut hatte. Ich war daher hoffnungsvoll, dass die Bank mit ihm an der Spitze der neu aufgestellten Digitalabteilung tatsächlich einen Agenturwechsel anstrebte, und dass wir beide ähnlich tickten. Darüber hinaus ergab meine Recherche, dass Tom New Media Management studiert hatte und seine Urlaubstage – den regelmäßig aktualisierten Social-Media-Profilen nach zu urteilen – hauptsächlich surfend verbrachte.

Nach den von unserem CEO formulierten internen Standards, die jede Führungskraft unserer Agentur zu beachten hatte, bereitete ich für das Gespräch einen Fragenkatalog vor. Dieser zielte nicht nur auf ein besseres Verständnis der Briefing-Dokumente ab, sondern vor allem auf Einblicke in die persönliche Motivation der Entscheider aufseiten des Auftraggebers.

Die Chancen, einen Pitch zu gewinnen, so hieß es in der Vorlage, erhöhe derjenige signifikant, der die »eigentliche« Motivation hinter den fachlichen Anforderungen offenlege. Man müsse im ersten Kontakt eine Atmosphäre der Wertschätzung und des Vertrauens schaffen, damit sich die Persönlichkeitsstruktur des Gegenübers herauskristallisiere. Ziel des Gesprächs sei der »Aufbau von Intimität«.

Tom erleichterte mir den Einstieg in unser Telefonat, indem er mich sofort duzte und gleich zu Beginn auf die Werbekampagne zu sprechen kam, für die wir wenige Wochen zuvor mit einem Kreativpreis geehrt worden waren: Für eine kleinere Brauerei hatten wir einen selbstbestellenden Bierdeckel entworfen und dafür ein Kampagnenvideo gedreht, das auf YouTube Hunderttausende Klicks erzielte.

Während Tom das innovative Konzept lobte, erinnerte ich mich an die Heimfahrt nach der Preisverleihung, auf der ich von zu vielen Gin Tonics aus dem Taxi auf den Bürgersteig gekotzt hatte, den ich täglich zur Agentur nahm. Der dunkle Fleck, der bis heute an dieser Stelle zu sehen war, verfolgte mich auch, als ich anfing zu erklären, warum wir auf diese Auszeichnung besonders stolz waren.

»Wie geht's dir denn so im Großkonzern?«, wagte ich mich vor, nachdem wir miteinander warm geworden waren, »wo du doch die Flexibilität eines Start-ups gewohnt bist.« »Na ja, das traut man einer Bank vielleicht nicht zu«, antwortete er, »aber in meiner Abteilung agieren wir quasi genauso agil wie ein Start-up. Jeder kann Ideen einbringen, jeder wird gehört.«

»Ich beispielsweise arbeite nach einem flexiblen Arbeitszeitmodell mit ständigem Homeoffice-Anteil. Klar, Chief Digital Officer, so steht's auf meiner Visitenkarte, aber sind wir mal ehrlich, Job Description hin oder her, was bedeuten solche Hierarchien heute noch? Ich verstehe mich mehr als Change-Manager, weniger als Chef.« Der Wechsel vom Start-up sei ihm deshalb sehr leichtgefallen, zumal die Position bestens entlohnt werde. Er lachte. »Und das hauseigene Fitnessstudio gibt's obendrauf, for free.«

»Die Bank«, fuhr er immer freimütiger fort, während mein Projektmanager neben mir saß und sich fleißig Notizen machte, »plant in den kommenden Jahren, weitere Filialen zu schließen und das Online-Geschäft auszubauen. In den Medien wird zwar gemutmaßt, dass wir in der Vergangenheit zu viel Overhead aufgebaut hätten und uns nun ›gesundschrumpfen wollen‹ (er zitierte das mit einiger Verachtung), aber das hat mit der Realität überhaupt nichts zu tun. In Wirklichkeit kommen halt immer weniger Kunden in die Filialen. Klar, warum auch? Alles digitalisiert, alles convenient, wozu den Extraweg machen. Ich mein, wann warst du das letzte Mal bei deiner Bank?«

Mit dem neuen Smartbanking gelte es, einen vollwertigen Beratungskanal zu etablieren, eine Alternative zum persönlichen Gespräch in der Filiale vor Ort. Wem das gelinge, dem winke ein stolzes Budget, über das, so habe man ihm zugesichert, hauptsächlich er entscheide. »Bei der Präsentation werden allerdings auch Vertreter anderer Abteilungen anwesend sein. Das nur als Vorwarnung, interne Richtlinien, Compliance, du kennst das, die Kollegen haben nicht zuletzt bei der Formulierung des Briefings ein Wörtchen mitgesprochen.« – »Klar«, nutzte ich die Gelegenheit, »ist für uns nichts Neues, wir arbeiten ja auch für andere börsennotierte Unternehmen.«

»Aber sag mal, Tom«, fragte ich abschließend, nachdem ich seine Kernaussagen noch einmal reformuliert hatte, damit er sich verstanden fühlte, »mal ganz frei raus: Ihr habt uns jetzt nicht nur eingeladen, um die Bewerberliste aufzufüllen, damit man euch keinen unlauteren Wettbewerb vorwerfen kann?«

Tom zögerte keine Sekunde. »Ach was, Jacob, das mögen unsere Mitbewerber so machen, aber bei uns gibt's das nicht. Alle treten mit den gleichen Chancen an. Das habe ich mit dem Vorstand gleich nach der Anstellung besprochen, da lass ich mir auf gar keinen Fall reinreden. Macht sonst überhaupt keinen Sinn für uns. Ohne die passende Agency können wir doch nichts auf die Beine stellen, Co-Creation, Design Thinking, da erwarte ich mir Ping Pong.«

»Tom ist keiner, der seine Arbeit nach Vorschrift erledigt, der strebt nach Selbstverwirklichung.« Ich stand vor meinem Team an einem Flipchart und stellte die Motivationsanalyse vor, aus der wir die Ideen für unser Vorgehen ableiten würden.

»Das Briefing, bei dessen Formulierung ihn – davon ist auszugehen – ein internes Gremium eingebremst hat, müssen wir eher in Richtung Innovation und weniger in Richtung Tradition interpretieren. Es braucht keinen alten Wein in neuen Schläuchen, es braucht etwas gänzlich Neues, eine Identifikationsfläche, einen Avatar, in dem sich er und die neue Generation der Smartbanker wiederfinden.«

Die Kollegen konnten es kaum erwarten, sich an die Arbeit zu machen. Dass ich trotz hoher Auslastung den Pitch angenommen hatte, störte offensichtlich niemanden. Nur Ajda, unsere agenturweit jüngste und vermutlich talentierteste Designerin, hielt sich in dem Kick-off, das bis in die Nacht andauerte, auffällig zurück.

»Für einen Kommerzbunker zu arbeiten, gehört jetzt nicht gerade zu meinen Traumvorstellungen«, ließ sie mich wissen, kurz bevor wir das Büro verließen, »Kapitalismus ist halt nicht so mein Ding.« Ich antwortete ihr gemäß unseren agenturinternen Regeln, indem ich mich für ihr aufrichtiges Feedback bedankte. Dennoch, so sehr mich Ajda manchmal auch an meine ersten Schritte in der Branche erinnerte, es verlangte mir große Anstrengung ab, ruhig zu bleiben. Ist ja kein Wunschkonzert bei uns, dachte ich, genug Baustellen, um die ich mich kümmern muss.

Am nächsten Morgen rief ich sie vom Flughafen aus an.

»Danke noch mal für dein Feedback gestern. Ich hatte jetzt Zeit, eine Nacht darüber zu schlafen. Wenn es dir lieber ist, kann ich dich vom Pitch abziehen. Es gibt in den anderen Projekten ohnehin genug zu tun – und genug freie Designer, die wir für den Kreativprozess dazukaufen können, gibt's natürlich auch.« Das stimmte zwar nur zum Teil, zumal ich deutlich dazu angehalten worden war, die Kosten für externe Mitarbeiter auf ein Minimum zu begrenzen. Doch es reichte, um Ajda vom Mitmachen zu überzeugen.

Als ich auflegte, hatte der Check-in für meinen Kurzstreckenflug längst begonnen. Ich betreute mit meinem Team insgesamt acht Kunden. Neben der Supermarktkette, dieses Projekt nahm gerade den Großteil unserer Ressourcen in Anspruch, gehörten unter anderem ein Möbelhaus, ein Sporthändler und eine Versicherung dazu. Bei Letzterer war ich an diesem Tag eingeladen, den Quartalsreport vorzustellen, grafisch aufbereitete Zahlen zu Views, Engagements und Leads der Webseite. Ein Routinetermin, dem auf Kundenseite allerdings der Marketingleiter beiwohnte, weshalb man auch meine Anwesenheit erwartete. Die ganze Sache war nach 45 Minuten durch, wir gingen gemeinsam Sushi essen, und dann machte ich mich auf den Weg zurück zum Flughafen.

Dazwischen rief mich mein Projektmanager an. »Der Wagner will jetzt doch wieder Grün statt Blau für die Klickbuttons, aber nicht unser Grün, sondern ›ein bisschen was Peppigeres‹. Das wär dann die vierte Feedbackschleife, wir haben nur eine einkalkuliert. Hab ich dem auch so gesagt, da ist er voll durch die Decke. ›Interessiert mich einen Scheiß‹, schreit er mich an, er sei der Auftraggeber und wenn er wolle, blase er die ganze Sache wieder ab. Danach einfach aufgelegt, wegen zwei verdammten Klickbuttons.«

Ich versprach, mich darum zu kümmern, legte auf und rief gleich Herrn Wagner an, der erst einlenkte, als ich ihm nicht nur eine weitere unbezahlte Feedbackschleife zugestand, sondern auch noch anbot, ihm den nächsten Entwurf persönlich vorzustellen.

Als mich das Taxi gegen 18 Uhr schließlich wieder am Büro absetzte, hatte ich immer noch nicht alle Mails beantwortet, und das Excel-File mit den umsatzrelevanten Leistungsdaten unseres Teams, das ich jeden Monat für die Buchhaltung zusammenstellen musste, bereitete mir Kopfschmerzen. Dafür klebten bereits die ersten Ansätze zum Smartbanking-Pitch an der Ideenwand.

Das Brainstorming zog sich erneut bis nach Mitternacht, letztlich bestand aber Einigkeit, dass es keiner der Ansätze wirklich verdiente, weiterverfolgt zu werden. »Egal«, versuchte ich die Kollegen (und vor allem mich) zu beruhigen, »morgen geht's weiter – dann mit einem frischen Blick.«

In den folgenden Tagen verließ ich unser Großraumbüro erst, wenn alle anderen gegangen waren.

Als ich nach Hause kam, schlief Stella schon tief und fest. Ich putzte mir nur noch die Zähne, kroch ins Bett und drehte mich auf die Seite. Einschlafen konnte ich trotzdem nicht, zu schwer lag mir der Pitch im Magen.

Würde es uns gelingen, Tom und seine Abteilung zu überzeugen, verfügten wir über ein hohes sechsstelliges Budget, und wenn nicht, blieb für die wochenlange Arbeit nur ein Abschlagshonorar von dreitausend Euro. Mögliche Fehler plagten mich, Fettnäpfchen, in die ich treten könnte.

Meine größte Sorge bestand nicht etwa darin, den Pitch zu verlieren, denn das passierte häufiger, die Quote unserer Agentur lag bei etwa 30 Prozent. Meine größte Sorge bestand darin, den Pitch *wegen mir* zu verlieren.

Um dennoch irgendwie runterzukommen, malte ich mir aus, wie mein Telefon klingelte, wie sich Tom meldete und wie er mir zum gewonnenen Pitch gratulierte. Wie ich in das Büro unseres CEOs spazierte, um ihm die Erfolgsmeldung zu überbringen. Wie er mich innig umarmte. Und wie ich dem Team zur hervorragenden Arbeit gratulierte, während ich meinen eigenen Anteil bescheiden kleinredete. Von diesen Gedanken beruhigt, schlief ich endlich ein.

Nur träumen konnte ich plötzlich nicht mehr, in keiner dieser Nächte.

2 |

Eine Woche vor der Pitch-Präsentation wurde ich zu meiner großen Überraschung krank. Es ging mir dreckig, aber selbst als das Fieberthermometer 39 Grad anzeigte, wollte ich es nicht wahrhaben. Dazu muss ich erwähnen, dass ich in meinen vier Agenturjahren gerade mal auf drei Fehltage gekommen war und das auch nur, weil ich in allen drei Fällen am Vorabend einen Gin Tonic zu viel getrunken hatte. Nach meiner Überzeugung konnte ich gar nicht krank werden.

Dementsprechend verzichtete ich lange darauf, zum Arzt zu gehen, bis Stella mich schließlich überredete. Ich saß auf einer weißen Liege in einer Praxis mit beigegelben Wänden, machte »aaaah«, der Herr mit weißem Kittel, silbernem Haar und erschreckend perfekter Zahnreihe machte »oh«, dann stellte er mich von der Arbeit frei, verschrieb mir Antibiotika, trug mir mit mahnendem Blick auf, in einer Woche wieder bei ihm zum Check zu erscheinen, und legte mir dringend ans Herz, mich bis dahin gut auszukurieren – was ich nur mit einem müden Lächeln quittierte.

Ich nahm zwar die Tabletten, schleppte mich aber natürlich weiterhin in die Agentur, ohne auch nur im Geringsten auf meine Gesundheit Rücksicht zu nehmen. Es gab schließlich einen Pitch zu gewinnen.

Das Herzstück unseres Konzepts bestand aus einem animierten Charakter, einer androgynen Robotergestalt, die wir »Kay« tauften und die gleichzeitig Namensgeber des neuen Bankings werden sollte. Kay, im Grunde ein datenbasierter, intelligenter persönlicher Assistent, sollte zukünftig als digitales Pendant des Bankberaters fungieren. Nutzer konnten E-Mails schreiben, anrufen oder die Sprachsteuerung ihres mobilen Endgerätes nutzen, um das neue Smartbanking zu bedienen.

Die Idee war im Gespräch zwischen Ajda und mir entstanden. Vor der Kaffeemaschine in der Agenturküche hatte sie fast beiläufig die Frage aufgeworfen, warum wir statt einer gewöhnlichen App oder Webseite nicht wirklich einen Avatar entwickelten. Ihre erste Handskizze von Kay rief bei den Kollegen Begeisterungsstürme hervor.

Um mich abzusichern, holte ich Kreativchefs und Führungskräfte der anderen Teams hinzu, stellte ihnen den Ansatz vor und sah mich auch durch ihre Rückmeldungen in der Idee bestätigt. Gleichzeitig bremste ich die Euphorie im Team und mahnte, bei aller Fokussierung auf Millennials nicht die älteren Zielgruppen aus dem Auge zu verlieren. So nahm unsere Präsentation immer mehr Gestalt an, bis ich sie drei Tage vor dem Pitch endlich für ausgereift genug hielt, um sie unserem CEO zu präsentieren – oder genauer: per E-Mail zu schicken, denn er war mal wieder unterwegs.

»Ich kann euch nur gratulieren«, ließ er uns in der Videokonferenz wissen, »good Job. Im deutschsprachigen Raum habe ich so etwas noch nie gesehen. Ein paar Kleinigkeiten noch, Anpassungen in der Outline, das schicke ich dir durch, Jacob, aber ansonsten ist mir nicht viel aufgefallen. Nur eine Idee: Habt ihr darüber nachgedacht, zusätzlich zur Power Point direkt einen Prototypen von Kay zu programmieren?« Natürlich hatten wir bereits darüber nachgedacht, den Gedanken allerdings wegen des Zeitdrucks wieder verworfen. Nun blieb uns nichts anderes übrig, als die Anregung mit den Kollegen aus der technischen Entwicklung doch noch bis zur Deadline umzusetzen.

Ich gab Feedback und delegierte Aufgaben, managte das laufende Projektgeschäft, löschte Feuer, schraubte weiter an den Leistungsdaten, kontrollierte die Zeiterfassung, schickte Reportings an den CEO, um ihn im Loop zu halten, und versuchte nebenbei unsere Sales-Aktivitäten über LinkedIn nicht ganz zu vernachlässigen.

Pro Tag trank ich vier bis fünf doppelte Espresso, hustete mir auf der Toilette die Lunge aus dem Leib, und wenn mal gar nichts mehr ging, nahm ich zusätzlich zu den Antibiotika noch Schmerzmittel, oder tat so, als hätte ich einen Termin, und fuhr ins Homeoffice. Keine Ahnung, wie ich das alles damals durchhielt – wobei: ganz hielt ich es ja ohnehin nicht durch.

Als mein Wecker am Morgen des Pitches um halb fünf klingelte, lag ich bereits wach. Die Angst zu verschlafen und meinen Flieger zu verpassen, hatte mich die ganze Nacht lang nicht losgelassen. Ich meinte, meine Müdigkeit förmlich schmecken zu können und mich quälte, wie schon in den Tagen zuvor, ein Pochen, als haute ein kleiner Hammer von innen an meine Schläfen – aber ich funktionierte. Und wenn sich etwas vor dem Pitch doch nicht mehr erledigen ließ, fing es mein Kalender oder eben meine To-do-Liste auf.

Nachdem ich den Wecker abgestellt hatte, wischte ich durch meine Social-Media-Profile. Auf dem Instagram-Foto, das ich am Vorabend veröffentlicht hatte, sah man einen Pizzakarton auf meinem Schreibtisch und im Hintergrund unser leeres Großraumbüro samt Designer-Möbeln, der Fotofilter erhöhte den Kontrast und tauchte den Raum in ein orange-gelbes Licht. »Last man standing« stand darunter, versehen mit Ortsangabe und den Hashtags #workplace #officedesign #agencylife #creativeagency.

Dass die letzten Tage alle gleich abgelaufen waren, musste ja keiner wissen. Dass ich nichts runterbekommen und den Karton samt Pizza nach einem Stück weggeschmissen hatte auch nicht.

Meinen Followern war dieser Blick hinter die Kulissen ohnehin schon authentisch genug. »Tier«, kommentierte einer meiner Arbeitskollegen, »schlafen wird eh überbewertet« ein anderer. Mit Muskelarm- und Zwinker-Emojis bestätigte ich sie, um meine Interaktionsrate hochzuhalten. Auf die Selfies, mit denen ich meine Kanäle normalerweise weitaus erfolgreicher fütterte, musste ich ja schon verzichten.

Den Undercut, der meine kurzen braunen Locken akzentuierte, und meinen einigermaßen dichten Bart, unter dem ich meine studentischen Züge zu verstecken versuchte, hatte ich zwar in einer Mittagspause schnell in Form bringen lassen. Aber von den entzündeten Lidrändern konnten selbst meine grünen Augen nicht ablenken. Und die roten Äderchen, die das Weiße wie kleine Blitze durchzogen, machten es auch nicht besser.

»Lieber Tom, sehr geehrte Damen und Herren«, legte ich mir vor dem Badezimmerspiegel die Sätze zurecht, mit denen ich uns später professionell und doch mit einem gewissen Charme verkaufen wollte, »vielen Dank für die Einladung zu Ihrer Ausschreibung, wir freuen uns sehr. Mein Name ist Jacob Speerforck, ich leite bei *Nitrogold* das Team Digital Transformation, und wir stellen ihnen heute Kay vor, die erste Künstliche Intelligenz, die Ihnen beim Erledigen Ihrer Bankgeschäfte hilft.«

Tief aus dem Bauch heraus musste das kommen, denn ich wollte ja ernst genommen werden, nicht nur von Tom, sondern vor allem von den Silberfüchsen im Gremium, den Steuermännern des Konzerndampfers. Deswegen hatte ich mir auch vorgenommen, gleich zu Beginn von einer Künstlichen Intelligenz zu sprechen, obwohl es sich bei Kay eigentlich um eine Software handelte, die ausschließlich nach den von uns programmierten Regeln handelte. Eine Künstliche Intelligenz wolle heute ja jeder haben, sagte ich mir, das klang nach Innovation, nach Zukunft, nach Utopie.

Auf jeden Fall aber, so meine Hoffnung, klang es besser als Software oder Chatbot, und vor allem weniger sperrig als »datenbasierter, intelligenter persönlicher Assistent«.

»Meins.« Stella umklammerte das Kissen. Ein Spiel, das wir schon Jahre spielten. Sie lag halb auf dem Bauch, eine Gesichtshälfte in der Matratze vergraben, die andere versteckt unter verstrubbelten Haaren. Ein Auge sah hervor – und mich herausfordernd an.

Ich legte mein Sakko, das ich nur schnell aus dem Schrank hatte holen wollen, auf unserer Kommode ab und trat näher. »Gibs her.« Einen Zipfel bekam ich zu fassen, zog daran, doch da mir für eine ordentliche Rauferei die Energie fehlte, gab ich schnell auf und überließ ihr den Sieg.

»Alles okay?« Sie gähnte eher, als zu fragen. Das führte dazu, dass ich ebenfalls gähnen und mir die Augen reiben musste, bis ich mich daran erinnerte, dass ich das auf gar keinen Fall tun durfte.

»Muss.« Ich setzte mich zu ihr auf die Bettkante. Mein Blick fiel auf den Bücherstapel auf dem Nachttisch – jede Woche ein Buch, so wie früher, so mein Neujahrsvorsatz, mal wieder gescheitert am Zeitmanagement. Der Japan-Reiseführer, zuvor ganz oben auf dem Stapel, war auf den Boden gefallen. Dort lag er nun wie ein Vorwurf.

»Du machst das schon.« Sie streichelte mir über den Rand meines linken Ohrs. In ihren Wimpern verfingen sich Haare, sie bewegten sich mit, wenn sie blinzelte. Ihre Nachtcreme roch leicht nach Zitrone.

Ich lächelte, dankbar für die Spur Harmonie am Morgen. Seit meiner Entscheidung, unseren Urlaub zugunsten des Pitches zu verschieben, ging Stella auf Distanz zu mir. Meine Entscheidung enttäuschte sie umso mehr, weil die Schule sie an feste Urlaubszeiten band. Anstatt weiter auf mich zu warten und sich im schlimmsten Fall ein weiteres Mal vertrösten zu lassen, hatte sie für den Sommer kurzerhand einen vierwöchigen Thailandurlaub gebucht. »Wenn du nicht mitkommst, flieg ich halt alleine.«

Vor allem, dass ich trotz Antibiotika weiter zur Arbeit ging, ärgerte sie. »Weiß doch jeder, dass das aufs Herz geht. Kannst ja mal bei meinem Vater in der Praxis anrufen«, schimpfte sie, »der kann dir ein Lied davon singen.« »Das bezweifle ich auch gar nicht«, antwortete ich, »aber was soll ich denn bitteschön machen, ohne mich geht in der Agentur doch alles den Bach runter.«

So kam es, dass Stella ihre Ferien zu Hause verbrachte. Sie korrigierte Arbeiten, bereitete sich auf ihre Klassen vor, ging Squash spielen oder laufen. Und setzte den lang gehegten Plan um, die Möbel im Wohnzimmer umzustellen und ein neues Wandregal anzubringen.

An unserem Kühlschrank hatten sich in der Zwischenzeit so viele bunte Hochzeitseinladungen und niedlich gestaltete Babykarten angesammelt, dass unsere Magnete kaum ausreichten. Wir gingen eben mit großen Schritten auf die Dreißig zu, wie Stellas Mutter nicht müde wurde zu betonen.

Ich gab ihr einen Kuss auf die Stirn. »Wenn das heute geschafft ist, nehme ich mir Zeit, versprochen. Nur der Pitch noch, den Freitag hinter mich bringen und dann ist eh schon Wochenende. Vielleicht können wir ja ein paar freie Tage dranhängen und irgendwo hinfahren. Raus aus der Stadt, in die Therme oder so. Werde am Abend mal schauen, wie die Auslastung im Team aussieht, dürfte eigentlich kein Problem sein.«

Als ich an diesem Morgen die Wohnungstür hinter mir zuzog und in den Aufzug stieg, fühlte ich mich trotz Husten, bleierner Müdigkeit und entzündeter

Lidränder bereit, Großes zu leisten. Den Einstieg in die Präsentation beherrschte ich aus dem Effeff, die Beine meiner blauen Anzughose warfen perfekte Falten, die Auflage meiner Sneaker war streng limitiert und der Aluminiumkoffer – in dem außer meinem Laptop gähnende Leere herrschte, weil ich plante, schon am Nachmittag wieder zurückzufliegen – verlieh meinem Auftreten, zumindest in meinen Augen, den Anstrich eines Weltmanns.

Hätte der Fahrer wie üblich vor der Haustür auf mich gewartet, wäre ich in das Flughafentaxi gestiegen, ohne mich auch nur eine Sekunde mit mir selbst zu beschäftigen. Stattdessen lag die Straße düster und wie ausgestorben da, und es regnete dicke Tropfen, wie sie eigentlich nur im Sommer vorkommen. Es prasselte auf den Beton, auf die Dächer der geparkten Autos und auf eine Cola-Dose, die unter einem Mülleimer lag. Tropfen, die in Pfützen fielen und wieder emporsprangen, Punkte, die in auseinanderlaufenden Kreisen verschwanden.

Das Pochen an meinen Schläfen ließ nach. Tief atmete ich ein und wieder aus. In den Geruch von Stadt und Regen mischte sich ein Hauch feuchter Tannen, das erinnerte mich an irgendwas. Ich forschte in meinem Gedächtnis, um ein Bild heraufzubeschwören, was dazu passte. Dabei veränderte sich die Straße vor meinen Augen von einem Moment auf den anderen. Zwar stand ich immer noch vor unserem Hauseingang, wartete auf mein

Taxi und doch hatte sich eine Kleinigkeit verschoben. Es handelte sich immer noch um die gleichen Häuser, die gleichen parkenden Autos und den gleichen Regen, aber eben nicht ganz, nicht mehr zu einhundert Prozent.

Vor meinen Füßen fanden zwei Regenbäche zueinander, schlängelten sich den leicht neigenden Bürgersteig entlang und flossen in einen Gully zwei Häuser weiter. Von dort leuchtete ein goldgrün schimmerndes Licht herauf, als strahle die aufgehende Sonne nach oben. Der Gully war nicht verschraubt.

Ich hockte mich hin, griff in die Öffnungen und schaffte es, indem ich mich vom Asphalt nach hinten abstieß, ihn tatsächlich ein Stück weit aus seiner Betonfassung zu heben. Mit letzter Kraft schleifte ich ihn Stück für Stück über den Boden, die letzten Zentimeter nahm ich die Füße zu Hilfe, schob ihn zur Seite, dann lag der Schacht frei.

Ich drehte mich um, fand mit dem rechten Fuß Halt auf den Metallsprossen und glitt langsam hinunter. Irgendwo oben rief noch jemand nach mir, aber ich hatte bereits meinen Abstieg begonnen, mit jeder weiteren Stufe entfernte ich mich unter die Erde, wo mich eine Wärme einhüllte, als spazierte ich durch ein Weizenfeld im Sommer. Sanft würde es mich auffangen, dachte ich, auch wenn ich los- und mich hinunterfallen ließe. Viel fehlte nicht und ich hätte es getan. Dann spürte ich wieder festen Boden unter den Füßen.

Ich stand in einem langen Tunnel. Links, in einiger Entfernung, warf das Licht schräge Schatten auf den Boden, rechts endete der Weg in einer massiven, von zwei Halbkreisen verschlossenen Wand. Ein dunkelbraunes Rinnsal drang durch die Ritze und lief den Boden entlang, es roch modrig. Ich balancierte daneben, folgte dem Licht.

Bald zweigte eine weitere Röhre ab, so schmal, dass ich nur auf allen vieren hindurch hätte kriechen können. Ein Summen kam von dort, eine Melodie, die glücklich und traurig zugleich klang. Die Sicht verlor sich im Schlund. Ich ging weiter und passierte einen weiteren Schacht, der zur Oberfläche führte. Dort, wo die Regenbäche die Wand entlangliefen, wuchsen Moose, aus dem Loch einer herausgebrochenen Metallstufe sah ein Löwenzahn hervor. Alle Geräusche verstummten. Ich sah auf den Boden, sah das Rinnsal plätschern, hörte es aber nicht mehr.

»Hallo, hier!« Vor Schreck machte ich einen Schritt zurück. Die Stimme kam ganz aus der Nähe. Ich musste die Hand vor meine Augen halten, damit das Licht mich nicht blendete. Da zeichnete sich die Silhouette eines Mannes ab, der vor einem Auto stand und mir energisch mit beiden Armen zuwinkte.

Ich blieb einen Moment lang stehen, um den Fremden zu beobachten, als gehörten weder er noch ich in diese Welt. Bis ein eisiger Wind um meinen Hals zog und ich zu ahnen begann, dass es sich um den Fahrer meines Flughafentaxis handelte.

3 |

Früher, also sehr viel früher, nach meinem schulfreien Jahr kurz nach meinem achten Geburtstag, ist es mir manchmal gelungen, in meinen Träumen Bewusstsein zu erlangen. Ich konnte dann bestimmen, was ich tat, konnte mich Schattenfiguren entgegenstellen, derentwegen ich sonst schweißgebadet aufwachte, konnte fliegen. Einmal löschte ich einen riesigen Waldbrand, indem ich Regenschauer aus den Wolken schüttelte, ein anderes Mal traf ich auf ein Mädchen von einem Aquaplaneten, das auf dem Rücken eines weißen welsähnlichen Wesens saß, und unterhielt mich mit ihr in einer Sprache, die nur im Traum Sinn ergab.

Ich begann mir auch tagsüber fremde Welten zu erschaffen, baute Höhlen aus Bettlaken und Decken, die ich über Tische und Stühle spannte, und verschwand für Stunden in der Dunkelheit. Wachte ich am Morgen auf oder kehrte aus meiner Höhle zurück, musste ich mich zunächst orientieren, wie ein Kinobesucher, wenn nach dem Film das Licht im Saal nicht gleich angeht. So ähnlich fühlte es sich an, als ich am Morgen des Pitches im Taxi zum Flughafen saß.

Mein Fahrer trug ein ausgewaschenes Hemd und hatte schwarz gefärbtes Haar, das er sich über seinen lichten Hinterkopf gekämmt hatte. Auf dem Beifahrersitz, der bis zum Anschlag nach vorne geschoben war, lag seine Lederjacke und daneben der Sportteil einer Tageszeitung. Im Wagen roch es nach künstlichem Apfelaroma, das über den Zigarettengestank, der in den Sitzen hing, nicht gänzlich hinwegtäuschen konnte. Normalerweise hätte mich das gestört, nun bekam ich Lust, mir auch eine anzustecken – obwohl ich eigentlich nicht mehr rauchte.

»Entschuldigen Sie die kleine Verspätung«, so der Fahrer, nachdem er losgefahren war, »musste tanken. Sie sind meine erste Fahrt.« Er lachte, »der frühe Vogel fängt den Wurm, nicht wahr?« Ich antwortete nicht, wollte nicht antworten, hustete nur, hustete und hustete und folgte den Regentropfen mit meinem Zeigefinger, wenn sie im Licht der Ampeln am Fenster Wettrennen veranstalteten.

»Sie sind Banker?« Der Fahrer suchte meinen Blickkontakt im Rückspiegel. Erst da fiel mir die Präsentation wieder ein. Es versetzte mir einen Stich. »Können Sie bitte kurz rechts ranfahren, ich muss noch mal schnell an den Kofferraum.«

Unsere Programmierer hatten bis tief in die Nacht hinein am Prototypen von Kay gefeilt und mir versprochen, dass ich am Morgen eine neue Version in meinem Posteingang vorfinden würde. Die Fahrt bis zum Flughafen dauerte etwa 30 Minuten, das reichte, um alle Funktionen noch ein letztes Mal zu testen. Doch als ich den Laptop aufklappte – den ich zuletzt vor Ewigkeiten heruntergefahren hatte – verwandelte sich der Mauszeiger in einen immerdrehenden Kreisel. Nichts ging mehr. Für gewöhnlich erholte sich das System, wenn ich mich in Geduld übte. Stattdessen verschlimmerte ich den Zustand durch das Drücken verschiedener Tastenkombinationen.

Der Fahrer lachte wieder, wobei sein Lachen mehr wie Raucherhusten klang. »Jaja, wir sind ja mittlerweile so abhängig, ohne die Dinger können wir kaum noch das Haus verlassen. Alles nur per Knopfdruck, niemand spricht mehr miteinander, nicht wahr?«

»Können Sie sich das vorstellen, letztens ruf ich meine Tochter an, wollt nur wissen, wie's geht, die ist so in Ihrem Alter, wissen Sie, auch immer unterwegs mit ihrem Job und so, na ja, jedenfalls ruf ich sie an und da sagt sie: ›Papa, was soll das, wieso schickst du mir keine Nachricht wie alle anderen normalen Menschen auch?‹ ›Normale Menschen‹, können Sie sich das vorstellen? Wusste gar nicht, wie ich reagieren soll. Also, ich weiß ja nicht, ob …« Er meinte es nur gut, drang aber nicht mehr zu mir durch. Ich massierte gegen das Pochen an meinen Schläfen an.

Als ich an den Parfümregalen im Duty-Free-Bereich vorbeimusste, wäre ich um ein Haar mit zwei Damen zusammengestoßen, die dort hockten und lautstark diskutierten. »Sorry, have to catch my flight.« Kurz blieb ich stehen, wartete auf eine Reaktion. Doch die beiden schenkten mir keine Beachtung, diskutierten weiter, als gäbe es mich nicht. Ich hob meinen Koffer über sie hinweg und schob mich vorbei. »Sorry«, murmelte ich noch einmal, mehr zu mir selbst.

Unsere Büro-Assistenz taktete die Reisen – auf unsere Anweisungen hin – immer so eng wie möglich, große Verzögerungen waren da nicht drin. Auch wenn ich es verabscheute, wenn zu sehen war, dass ich mich beeilte.

»Boarding completed«, der Flugbegleiter verzichtete darauf, mich zu begrüßen. Auch unter den Fluggästen war die Stimmung mäßig, vorwurfsvolle Blicke trafen mich – zumindest kam es mir so vor. Und dann sträubte sich auch noch ein glatzköpfiger Hüne mit riesiger Uhr und goldenen Manschettenknöpfen dagegen, mich zum Fensterplatz durchrutschen zu lassen.

Als er mir endlich den Gefallen getan hatte, schlug er mit einer Wucht auf die Tastatur seines Laptops ein, als wäre er der festen Überzeugung, seinen Worten damit Nachdruck verleihen zu können. Eine spezielle Folie klebte auf seinem Bildschirm – sie machte es unmöglich, den Inhalt der Seite einzusehen, Öl- oder Atomenergie-Branche, vermutete ich.

Bei einem unserer Leadership-Workshops hatte ich dem CEO die Frage gestellt, ob unsere Agentur auch für Klienten aus solchen Branchen arbeiten würde, wenn sich die Möglichkeit ergäbe. Er musste nicht lange überlegen. »Why not? Entweder ich nehme das Geld und kann damit fünf Mitarbeiter bezahlen, oder ich muss das Team auflösen und die Kollegen auf die Straße setzen. Würdest du es denn anders machen? Außerdem, fährst du nicht auch mit dem Auto, nimmst du nicht auch den Flieger in den Urlaub? Nicht so easy ohne Öl.«

Trotz meines früheren Idealismus war mir nicht viel eingefallen, was ich dagegen hätte sagen können. Insofern machte ich mir nun auch nicht allzu viele Gedanken darüber, dass wir jetzt für eine Bank pitchten. Bis auf Ajda hatte sich ohnehin niemand beschwert.

Der Pilot teilte uns mit, dass es nicht mehr lange dauern könne, bis man ihm die Flugerlaubnis erteile. Seine englische Wiederholung klang, als parodiere er sich selbst. Mein Laptop, den ich letztlich doch heruntergefahren hatte, funktionierte zwar wieder, dennoch: eine E-Mail des Programmierers fand ich nicht vor.

Dafür lenkte mich mein Newsfeed ab. Zwischen zwei Touristinnen war ein Streit um die beste Position für ein Foto vor einem Brunnen derart eskaliert, dass die Polizei einschreiten musste, Männer kommentierten das gehässig. Politiker diskutierten den Klimawandel weg. Darunter poppte ein

Werbevideo auf, in dem ein computeranimiertes Faultier durch die Innenstadt joggte, um die Vorteile eines Erfrischungsgetränks anzupreisen. Ein Bericht über einen Terroranschlag schloss sich an, Hunderte Tote, zahlreiche Kinder. Darunter folgten Fotos von den Zwillingen einer ehemaligen Mitschülerin, aus allen erdenklichen Perspektiven aufgenommen, dann die Werbung für eine Pizza in Form eines Burgers.

Ich klickte keine Links und vergab auch keine Likes oder Kommentare – konnte aber trotzdem nicht aufhören, mit meinem Daumen immer weiter nach unten zu wischen.

Unter uns schrumpfte ein leuchtender Konzernturm zusammen, gerade noch thronend über der Stadt wie ein König, jetzt kaum größer als ein Stecknadelkopf in einem Durcheinander von anderen Stecknadelköpfen.

Mein Sitznachbar unterbrach sein Tippen kurz, um das Knabberzeug, das er sich aus der Plastikverpackung in den Rachen kippte, mit seinem Tomatensaft hinunterzuspülen. Dann schlug er wieder auf seine Tastatur ein. Darüber konnte ich hinwegsehen. Dass er aber mit großer Selbstverständlichkeit die Armlehne zwischen uns eingenommen hatte und sein Ellenbogen mittlerweile sogar ein Stück in meinen Bereich ragte, das ärgerte mich.

In den dreimonatlichen Führungskräfte-Jour-Fixes der Agentur musste ich regelmäßig die Fortschritte in meinem persönlichen Lernfeld *Konflikte lösen* vorstellen. Zuletzt hatten mich die Kollegen anhand ihrer Beobachtungen, die sie bei den Offsites gesammelt hatten, mit zwei von fünf Punkten bewertet, damit nahm ich im standortübergreifenden Teilnehmerfeld den letzten Platz ein. In den anderen Lernbereichen verortete man mich zwar im oberen Mittelfeld, in »Feedback annehmen« gehörte ich sogar zu den Besten, und eigentlich sollte es auch gar nicht darum gehen, der Beste zu sein, sondern darum, gemeinsam zu lernen und an den Aufgaben zu wachsen – dennoch wurmte mich das ungemein.

Gerade im Konflikt, so die einhellige Meinung in unserem Seminar *Emotionale Intelligenz*, lag für uns Führungskräfte die Möglichkeit, Nähe zu unseren Mitarbeitern aufzubauen. Wenn es uns gelang, Reibungspunkte unmittelbar zu erkennen und an ihrem Entstehungsort anzusprechen, konnten wir Blockaden überwinden und somit Energien im Gefüge freisetzen.

Getreu dem Motto »Hurra, ein Konflikt«, das ich mir auf den väterlichen Hinweis unseres CEOs auf einen Zettel geschrieben und zur Erinnerung an die Trennwand meines Schreibtischs geheftet hatte, beschloss ich daher, mich an dem Hünen zu erproben.

Zunächst aber horchte ich in mich hinein, wie ich es in unserem Seminar gelernt hatte, und versuchte meine Selbstwahrnehmung zu schärfen. Der Wahrnehmungskorridor, so unser agenturinterner Achtsamkeitslehrer, dürfe auf keinen Fall unsere Sicht auf die Situation trüben. Lasse ich mich von meiner Wut leiten, befragte ich mich, oder dramatisiere ich das Verhalten des Hünen?

Nein, auch nach dieser Innensicht war ich sicher, dass mir ganz objektiv betrachtet das Recht zustand, ebenfalls einen Teil der Armlehne für mich zu beanspruchen. Meinem Sitznachbarn in einem angemessenen Rahmen seine Grenzen aufzuzeigen, hielt ich sogar für unbedingt nötig, wenn ich mich für den Rest des Fluges nicht im sogenannten Kreislauf des Grübelns verlieren wollte.

Im ersten Schritt touchierte ich seinen Ellenbogen, quasi als dezenten Hinweis, doch der Hüne machte keinerlei Anstalten, ihn zurückzuziehen. Er schien meinen Versuch nicht einmal zu bemerken. Natürlich hätte ich das Problem nun verbal lösen können, aber das erschien mir in diesem Kontext zu förmlich und kleinkariert. Außerdem glaubte ich, bei ihm damit nicht weit zu kommen. Ich musste meine Männlichkeit unter Beweis stellen.

Also fuhr nun auch ich meinen Ellenbogen aus, eroberte mit einer geschickten Armbewegung einen Zentimeter der Ablagefläche und schickte mich an – durch den kleinen Erfolg beflügelt – noch mehr Raum zu reklamieren. Der Hüne gab sich jedoch nicht so schnell geschlagen und verteidigte seine Position, sodass unsere Ellenbogen für einen Sekundenbruchteil mit einiger Kraft gegeneinanderdrückten, bis er sich endlich zurückzog und die Armlehne nun ganz mir gehörte.

Erneut spürte ich in mich hinein. Jetzt, wo ich den Konflikt gelöst hatte, erwartete ich eine gewisse Zufriedenheit oder gar ein Gefühl der Beschwingtheit – doch nichts dergleichen. Es pochte nur.

Ich zog den Lichtschutz vor dem Fenster zu, massierte von Neuem meine Schläfen und sah noch im Augenwinkel, wie der Hüne meine Unachtsamkeit nutzte und den Platz auf der Armlehne wieder zurückeroberte.

Wir setzten auf und der Flugbegleiter bat uns mit Roboterstimme, angeschnallt sitzen zu bleiben, bis das Flugzeug seine endgültige Parkposition und so weiter. Ich zog mein Diensthandy hervor, um den Flugmodus auszuschalten, wartete zunächst vergeblich auf eine Verbindung zum Netz, schaltete den Modus an und wieder aus und sah endlich die E-Mail mit der neuen Version von Kay im Posteingang. Ich war erleichtert. Doch dann überraschte mich eine Nachricht des CEOs.

Er hatte sich kurzfristig dazu entschlossen, mich beim Pitch zu begleiten, nachdem ihm zu Ohren gekommen war, dass die Konkurrenz plante, mit den Agenturchefs anzureisen. Wegen der Konferenz sei er ohnehin in der Stadt und erwarte mich schon im Hotel, so schrieb er in seiner Mail, und verspüre mit Blick auf den gemeinsamen Auftritt aufrichtige Freude. »In meiner Morgenmeditation«, fuhr er fort, »habe ich mich der Frage gewidmet, ob ich ganz bei mir bin? Vorfreude allein, ist das authentisch? Long story short, Jacob, ich bin auch angespannt, da möchte ich dir nichts vormachen.«

Diese emotionale Offenheit, das Beschreiben des eigenen Gefühls – in dem Fall sogar ein Gefühl der Schwäche – empfand ich als besondere Wertschätzung. Die herausragende Stellung, die ich mir als Teamleiter und Hauptverantwortlicher des Pitches erarbeitet hatte, so vermutete ich, ermöglichte erst, dass er auf dieser Ebene mit mir kommunizierte.

Welches Adjektiv, fragte ich mich, beschrieb meine Gefühlslage am besten? Wie ließ sich am meisten Eindruck schinden? Wenn es mir nicht gelang, ähnlich nahbar zu wirken, würde der Eindruck entstehen, dass ich mich emotional nicht öffnete, was der CEO als Affront verstehen könnte. »Angespannt« traf es ganz gut, fand ich, nur musste ich mir was Eigenes einfallen lassen. Vielleicht passte eine Gefühlsbeschreibung, die man vor diesem Termin so gar nicht vermuten würde, beispielsweise »heiter«. Nein, das käme zu bemüht daher.

Die Schlange der im Gang stehenden Passagiere setzte sich in Bewegung. Als sich eine kleine Lücke für unsere Reihe ergab, drängte sich der Hüne dazwischen, riss seinen Koffer aus der Ablage und schloss mit einem großen Schritt zum Vordermann auf. »Mit großer Freude und voller Elan«, begann ich von Neuem, »steige ich gerade aus dem Flieger«. Der aktuelle Prototyp von Kay sei bereits eingetroffen, ich würde ihn im Taxi ein letztes Mal testen.

»Klar bin ich auch nervös, dennoch dominiert die Vorfreude.« Ich stand auf, trat in den Gang und nahm meinen Koffer. »Ich kann es kaum erwarten«, tippte ich mit dem Daumen, als ich an den versteinert lächelnden Flugbegleitern vorbeikam, »den Besprechungsraum der Bank gemeinsam zu erobern.«

4 |

Der CEO hatte die Agentur schon im Alter von 24 Jahren gemeinsam mit einem Schulfreund gegründet. Sie begannen zwar nicht in einer Garage wie die Branchenverwandten aus Amerika, dafür trugen sie die Jeans ähnlich weit über dem Bauchnabel. Fotos von damals hingen bei uns im Büro, über alten Zeitungsartikeln und einem Regal, in dem sich Trophäen nationaler und internationaler Kreativpreise aneinanderreihten.

Während des Informatik-Studiums waren die beiden auf die Idee gekommen, einen der ersten Internetblogs im deutschsprachigen Raum zu programmieren. Vernetzt mit Gleichgesinnten aus anderen Ländern schrieben sie über die digitale Bewegung. Es dauerte nicht lange, bis sich das herumsprach. Immer mehr Menschen kamen auf sie zu, wollten ihr Wissen, ihre Geschichten und Erlebnisse ebenfalls über das Netz mit anderen teilen. Und da es damals noch sehr wenige Plattformen gab, die nach dem heute gängigen Fertighausprinzip funktionierten, entwickelten sie ihre eigene Lösung weiter – bevor überhaupt jemand ahnte, dass Blogs im Internet das neue Ding werden würden.

Nach der Gründung von Facebook wagten sie den nächsten Schritt, bauten das Portfolio der Firma aus und professionalisierten fortan den gesamten digitalen Auftritt von Marken und Unternehmen. Ein paar Jahre später zählte *Nitrogold* schon rund hundert Mitarbeiter und betreute zahlreiche namhafte Kunden im deutschsprachigen Raum. Danach hatte der Schulfreund seinen Geschäftsführerposten aufgegeben, ohne dass jemand wusste, wie genau es dazu gekommen war.

Der CEO sprach nicht darüber. In den Branchenmedien konnte man lesen, dass sein Partner sich nach neuen Herausforderungen umsehen wollte und dass man sich im Guten getrennt habe. Der Schulfreund verschwand vom Radar. Es hieß, er habe den Großteil des Geldes aus dem Exit an eine gemeinnützige Stiftung gespendet, sein Auto und seine Möbel verkauft und reise seither, bepackt nur mit einem Rucksack, von Kontinent zu Kontinent.

Seit ich vor vier Jahren dazugestoßen war, befand sich die digitale Landschaft im Wandel. Unsere Kunden waren bereit, hohe Summen zu investieren, um in den Suchergebnissen zu den ersten Treffern zu gehören, eine treue Fanbasis aufzubauen oder über ihre Webseite Produkte zu verkaufen. Da Google und Facebook jedoch im Wochentakt ihre Vorgaben anpassten und an Algorithmen drehten, brauchte es Profis, um diese Ziele zu erreichen. Hier kam die Agentur ins Spiel.

Unser Geschäft blühte mittlerweile so sehr, dass im Büro alle paar Monate amerikanische Vertreter internationaler Netzwerke auftauchten, um dem CEO Übernahmeangebote zu unterbreiten, die er nach eigener Aussage eigentlich nicht ausschlagen konnte – er tat es trotzdem.

»Ich möchte, dass wir eine Familie bleiben«, beschrieb er seinen Antrieb in einem Leadership-Workshop, »und nicht wie in einer Fabrik Dinge abarbeiten.« Was ihm vorschwebe, sei ein Konzept der Mindfulness, das sich seiner Meinung nach dann entwickle, wenn man sich erstens selbst spüre und zweitens eine gemeinsame Wirklichkeitsauffassung teile. »Am Ende geht's um people and culture und culture eats strategy for breakfast.«

Uns Führungskräfte begleitete deshalb der Meditations- und Achtsamkeitslehrer, mit dem der CEO selbst seit vielen Jahren eng zusammenarbeitete und der mit seinen New-Work-Ansätzen auch uns verschiedene Tools an die Hand geben sollte, damit wir uns persönlich weiterentwickelten.

Es handelte sich um einen immer gebräunten, freundlichen Siebzigjährigen mit tiefer Stimme, der die längste Zeit seiner Karriere einem millionenschweren Papier-Unternehmen vorgestanden hatte. Angeblich lebte er gemeinsam mit seiner Frau und seiner sehr viel jüngeren Freundin auf einer Alm und entwickelte nun, auf seine alten Tage, die Lehre agiler Leistungssysteme weiter. In zweiwöchentlichen Videokonferenzen überprüfte er anhand von Selbsteinschätzungen meinen Wahrnehmungskorridor, gab mir Feedback zur emotionalen Standortbestimmung oder lehrte mich Atemübungen, mit denen ich in meine Mitte finden sollte. Fitnesscenter für Emotionen nannte er das.

In der Branche munkelte man zwar, bei uns in der Agentur gehe es zu wie bei einer Sekte, und auch ich hatte schon mehrfach darüber nachgedacht, warum wir nicht die fachlichen Lernfelder mehr in den Mittelpunkt rückten, immerhin verlangte uns das Management komplexer technischer Projekte einiges an digitalem Know-how ab. Aber wenn man in der Agentur aufsteigen wollte, führte an den internen Weiterbildungen kein Weg vorbei. Außerdem bot mir der Kreis der Teamleiter eine gewisse Geborgenheit.

Hier war man unter sich, teilte die gleichen Probleme, gab einander wertschätzendes Feedback und tauschte sich offen über persönliche Lernfelder aus. Im nervenzehrenden Alltag rund um Millionenbudgets, Kundenwünsche und Personalverantwortung tat es gut, zwischendurch mal von der Gemeinschaft aufgefangen zu werden – eben wie von einer richtigen Familie.

Der CEO hatte ein Boutique-Hotel nahe der Innenstadt bezogen, mit einem loftähnlichen Eingangsbereich und eigener Vinothek, die daran angrenzte.

Ich fand ihn in einer geschützten Ecke des Frühstücksraums an einem Zweiertisch, die Decke war holzgetäfelt, es spielte zurückhaltende Lounge-Musik.

Sein längeres grau meliertes Haar hatte er mit Wachs locker nach hinten gestylt, das Gesicht frisch rasiert und ein dezentes Parfüm aufgetragen. Er saß aufrecht, trug eine Brille mit transparentem Rahmen und ein faltenloses hellblaues Hemd – vom Computer-Nerd längst keine Spur mehr. Als er mich bemerkte, legte er sein Handy weg, lachte »Jacob«, stand auf und umarmte mich.

Er war nur wenig größer als ich und hatte einen drahtigen Körper, trotzdem kam es mir vor, als würde ich in seinen Armen versinken. So muss es sich anfühlen, dachte ich mir, wenn ein stolzer Vater seinen Sohn umarmt. Blöd nur, dass Umarmen nicht zu meinen Stärken gehörte. Sicher, ich bemühte mich, aber meine Erwiderung fiel dennoch ziemlich steif aus.

Endlich löste er sich von mir, zeigte auf den Platz ihm gegenüber und ließ seine Augen auch dann noch auf mir ruhen, als ich mich bereits hingesetzt hatte. Das rief mir meine entzündeten Lidränder ins Gedächtnis. Vielleicht, so befürchtete ich, störte er sich aber auch an meiner Kleidung, an meiner Frisur oder an meiner Haltung. Dann endlich, als wäre es ihm plötzlich eingefallen, griff er zur Teekanne und lächelte. »Grüner Tee. Du trinkst doch keinen Kaffee, oder?«

Natürlich trank ich Unmengen, zuletzt erst am Flughafen, aber da ich mich in seinem Beisein einmal sehr energisch dagegen positioniert hatte, um seine Aufmerksamkeit zu erhaschen, tat ich weiterhin so – zumal ich mich geehrt fühlte, dass er sich daran erinnerte.

Während er mir einschenkte, begann er locker über die Konferenz zu plaudern, auf der er tags zuvor Keynote-Speaker gewesen war. Sein Vortrag über »Agile Working versus Longterm Planning« habe lauten Beifall geerntet, wobei der Mehrwert solcher Veranstaltungen ja bekanntlich weniger in den Vorträgen als im Get-together liege. Nun sei er erleichtert – er lehnte sich vertraulich zu mir – denn auch nach zig Jahren im Business kämpfe er immer noch mit einer gewissen Nervosität, wenn er auf die Bühne gehe. Man könne schließlich nie wissen, wie die Audience reagiere.

»Und dann fällt mitten im Vortrag die Technik aus. Ich vor einer schwarzen Leinwand, Blackout, nichts geht mehr. ›So viel zu Long-term-Planning‹, großes Gelächter. Bald lief wieder alles, no Problem, aber heute sollte uns das besser nicht passieren.« Auf gar keinen Fall, versicherte ich, zur Not sei die Präsentation zusätzlich auf einem USB-Stick abgespeichert. »Die letzte Version des Prototyps funktioniert übrigens, die habe ich gerade im Taxi noch getestet.«

Schmunzelnd winkte er ab, als habe er nichts anderes erwartet, löffelte eine weitere Avocadohälfte aus und ermunterte mich, mir etwas vom Buffet zu holen. »Ich habe schon gefrühstückt«, log ich. In Wirklichkeit bekam ich vor wichtigen Terminen nie etwas runter.

Stille kehrte ein. Ich erwartete, dass er zum Pitch, unserem eigentlichen Thema, überleiten würde, aber er sagte nichts. Stattdessen nahm er den Teller mit den Resten seines Frühstücks, stellte ihn auf dem Nebentisch ab, sah mich an und verschränkte die Arme vor der Brust.

Zögerlich versuchte ich, mich anzunähern. »Um 11 Uhr sind wir dran, richtig?« Blöde Frage, wusste ich selber. »Okay, wir sollten vielleicht eine halbe Stunde vorher da sein?« Fragender Blick, unerwidert. »Dann bliebe uns noch eine Vorbereitungszeit von etwa 45 Minuten.« Keine Reaktion. Ich besann mich auf unsere internen Standards: mit der Zieldefinition beginnen. »Gut, stimmen wir uns also ein. Wir sollten die Zeit nutzen, um uns abzusprechen, welchen Part du übernimmst – also falls du überhaupt einen übernehmen willst – und wie wir die ganze Sache angehen. Soll ich mal die Präsentation rausholen?«

Es entstand wieder eine Pause, in der ich, halb über meinen Aluminiumkoffer gelehnt, fürchtete, etwas Falsches gesagt zu haben.

»Jacob«, antwortete der CEO endlich, während er die Tischdecke glatt strich, »wie geht es dir mit mir?« Verdattert sah ich ihn an. Dann riss ich mich zusammen und entschied, dass es wohl das Beste sei, den Laptop im Koffer zu lassen und mich wieder aufzurichten. »Gut«, presste ich hervor. »Gut ist eine Schulnote, kein Gefühl.« – »Klar«, lachte ich nervös, »weiß ich doch, aber wie soll es mir denn mit dir gehen?« Mir kam es vor, als würde ich auf meinem Stuhl von Sekunde zu Sekunde immer kleiner.

»Okay«, startete ich schließlich einen neuen Versuch, »wenn ich in mich hineinhorche, gibt es mir natürlich Sicherheit, dass du dabei bist.« Seine Gesichtszüge entspannten sich. »Ich empfinde das als große Wertschätzung, dass du dir die Zeit nimmst, mich bei dem Pitch zu begleiten, und ich bin zuversichtlich, was die Präsentation angeht, das Team hat wirklich tolle Arbeit geleistet.« Er schloss die Augen, atmete tief ein und nickte, aber weniger aus Zustimmung, als um sich auf seine eigenen Worte zu besinnen. Denn während er nun sprach, nickte er immer noch.

»Wenn ich mich an die letzten zehn, fünfzehn Jahre zurückerinnere, denke ich häufig an die Pitches. Das sind Situationen, die brennen sich ein, die ganze Anspannung, das ›All-or-Nothing‹. Wenn wir als Verlierer vom Platz gegangen sind, war es mir immer ein Anliegen, zumindest Learnings für uns mitzunehmen.« Er öffnete seine Augen und fuhr fast entschuldigend fort. »Aber wenn wir wachsen wollen, wenn wir als Agentur überleben wollen, müssen wir auch immer wieder Pitches gewinnen. That's it.«

»Deswegen haben wir uns in den letzten Wochen auch voll reingehängt, alle, Tag und Nacht«, platzte es aus mir heraus. »Jacob«, unterbrach er mich erneut mit einem Schmunzeln, »du bist unsere jüngste Führungskraft. Die Kollegen aus dem Management und ich, wir sehen täglich, welches Potenzial du einbringst. Das macht uns glücklich und stolz.«

»Wir sind hundertprozentig davon überzeugt, dass du uns in den nächsten Jahren große Freude bereiten wirst. Aber«, fuhr er fort, während er erneut zur Teekanne griff und mir nachschenkte, »wir beide haben noch nie gemeinsam gepitcht. Das ist eine ganz neue Situation für dich und auch für mich. Damit müssen wir erst einmal umgehen lernen. Das heißt –.«

Er stand auf und schüttelte einem Mann in einem karierten Anzug die Hand, der zu uns an den Tisch gekommen war. Die beiden wechselten ein paar Sätze, ohne dass ich vorgestellt wurde, dann lachten sie laut. Als der CEO sich wieder hinsetzte, kam es mir jedoch so vor, als wäre dieses Aufeinandertreffen für ihn ganz und gar unerfreulich gewesen. Für einen Moment schien ihm unser Gespräch lästig zu sein, er sprach schnell, fast fahrig: »Gut, wo waren wir, ja richtig, du hast den Lead, ich supporte, falls nötig.« Tief atmete er durch die Nase ein und durch den Mund wieder aus. »Was ich sagen will, lass dich bitte von dieser ungewohnten Konstellation nicht aus der Ruhe bringen. Mach einfach dein Ding, enjoy yourself. Entschuldige«, sein Handy klingelte, »da muss ich rangehen.«

Weil ich nicht ganz so sinnlos herumsitzen wollte, nutzte ich den Moment, um ein Foto von dem Holzmuster der Decke inklusive Ortsangabe des Hotels auf Instagram zu posten. »Breakfast Heaven« nannte ich das. Gleich drei Likes und beim Aktualisieren noch eins, das ging schnell, dann jedoch keins mehr. Ich aktualisierte trotzdem immer wieder von Neuem, bis der CEO auflegte.

Ein weiteres Mal schien dabei ein Anflug von Unwillen über sein Gesicht zu huschen. Der Stress, nahm ich an. Nichts wünschte ich mir in diesem Moment sehnlicher, als den Pitch zu gewinnen, weniger für mich als für ihn. Ich darf ihn auf keinen Fall enttäuschen, sagte ich mir, in einer Familie steht man füreinander ein.

Noch einmal bot ich an, ihm den Letztstand von der Präsentation und dem Prototypen zu zeigen. »Nicht nötig, kenne mich aus«, er sah erneut auf sein Handy, »außerdem sollten wir los, ich will lieber zu früh als zu spät da sein. Dramaturgie wie immer, weißt du ja: Einführung, Problem, Lösung, Umsetzung. Kay schön einrahmen, den Mehrwert herausstellen.« Ich nickte.

»Und noch mal die Millennials als Zielgruppe adressieren, schön über unseren USP kommen. Das müssen alle verstehen, die da in der Runde sitzen, Big Data, Daten, das neue Öl, unsere Studien, da sind wir unseren Mitbewerbern weit voraus. Alles klar?« Ich nickte erneut.

»Alright«, stand er auf, »dann haben wir die gleiche Wirklichkeitsauffassung.«

5 |

Die Sicherheitsvorkehrungen erlaubten es unserem Taxi nicht, unmittelbar bis zur Bankzentrale vorzufahren, die restlichen Meter zum Eingang mussten wir zu Fuß gehen. Am Ende des großflächig betonierten Vorplatzes erhob sich der mächtige Glasturm, und der CEO setzte zu einem allgemeinen Diskurs über das Für und Wider der neuen Marketingkampagne einer Automarke an, die in der Branche gerade für Aufsehen sorgte.

Ein junger Fernsehkomiker erklärte sich darin in ironischem Tonfall zum Fan eines Luxuswagens, der im ganzen Spot kein einiges Mal gezeigt wurde. »Dieser kalkulierte Bruch der Erzählebenen, durch den der Zuschauer im Unklaren gelassen wird, der ist durchaus gelungen, keine Frage, aber für die Zielgruppe eben auch viel zu anspruchsvoll, und wenn wir mal ganz ehrlich sind, ohne Purpose.«

Durch eine automatische Drehtür traten wir in eine riesige Halle. Schwere anthrazitfarbene Stahlträger kletterten in dreißig, vierzig Meter langen Diagonalen die Wände hinauf. Rolltreppen führten zu einer begrünten Terrasse, die kurvig in den Raum ragte und verschiedene Cafés und Restaurants beherbergte, darüber taten sich weitere Stockwerke auf. Überall wuselten Anzugträger umher, Absätze klackten, man unterhielt sich, las Zeitung oder telefonierte.

Hinter dem klinisch-weißen Empfangstresen saßen fünf Angestellte in grauer Einheitskleidung. Ein Herr bat uns um unsere Ausweise, damit wir den Kollegen angekündigt und uns Besucherpässe ausgehändigt werden konnten. Er glich die Passbilder mit unseren Gesichtern ab, tippte Daten ein, alles mit großer Ernsthaftigkeit.

»Na, auch hier?« Mein ehemaliger Kollege Nicki war auf einmal neben mir aufgetaucht, gab zwei Besucherpässe zurück, lehnte lässig an der Empfangstheke und grinste überlegen. Sein bordeauxroter Merino-Pullover mit V-Ausschnitt, den er ohne Hemd unter dem braunen Sakko trug, spannte über dem Brustkorb, an seinem Nacken wölbten sich Muskeln.

Er hatte die Enden seiner Bügelfaltenhose ein Stück weit hochgekrempelt, damit seine rot gestreiften Socken samt der farblich abgestimmten Sneaker besser zur Geltung kamen. Eine Kombination, zu der ich gerne einen hämischen Kommentar abgegeben hätte, doch er kam mir zuvor. »Gut siehst du aus, altes Haus!« Während sein Blick demonstrativ an mir hinunterwanderte, schlug er mir (ein wenig zu heftig) auf die Schulter. »Fast schon wie ein richtiger Banker.«

Der Herr an der Rezeption tat, als bekäme er von alldem nichts mit und schob mir die Pässe zu. »Bitte nehmen Sie den Aufzug und fahren Sie in den achten Stock, Sie werden dort erwartet.« Nicki kam aus seinem blöden Grinsen gar nicht mehr heraus. »Na dann, viel Spaß da oben. Richtige Gaudi, die Runde. Freuen sich bestimmt über eure ›innovativen Konzepte‹ (er formte die Anführungszeichen mit Zeige- und Mittelfingern). Halt die Ohren steif.« Dann ging er wieder, ohne den CEO eines Blickes zu würdigen.

Draußen, etwas abseits, entdeckte ich den rauchenden Chef seiner Agentur, mit Ende 60 ein alter Hase der Branche, den alle nur »den Hennings« nannten. Als Nicki ihn erreichte, sagte er etwas, die beiden drehten sich zu uns, lachten – ich schaute schnell weg.

Im Fahrstuhl blinkte eine rote Digitalanzeige auf. Nach vorne blickte man durch eine Glasscheibe ins Atrium, seitlich befanden sich schmale Spiegel vor matt geschliffenen Metallwänden, die die Kabine noch kleiner wirken ließen, als sie ohnehin schon war. Als sich die Aufzugtür schloss, presste sich noch ein Fuß dazwischen und mehrere Anzugträger traten ein. Rasierwasser-Duft verbreitete sich. Ich vermied Augenkontakt, bewegte mich nicht und versuchte, jeglichen Laut zu unterdrücken.

Da stach eine ältere Dame zwischen den Businessmenschen hervor. Sie hatte kurze silberweiße Haare und einen grünen Hosenanzug mit weißem Blumenmuster und weiten Beinen. Dicke rote, gelbe und pinke Armreifen führten von ihren

Handgelenken bis zu den Ellenbogen hinauf. Ich neigte mich zur Seite, um ihr Gesicht besser sehen zu können, da hielt der Aufzug an, und eine Roboterstimme ertönte; »achter Stock«. Die Dame stieg aus und verschwand in einem Gang, uns empfing dagegen ein Auszubildender. Er schwitzte über der Oberlippe und setzte unbeholfen zu einer Verbeugung an.

Wir folgten ihm durch einen langen Flur, der mit Laminat in dunkelbrauner Holzoptik ausgelegt war, Meetingräume und Bürotüren mit Messingschildern an beiden Seiten. Historische Werbeplakate der Bank hingen an beigen Wänden, dazwischen Kunstdrucke oder Schwarz-Weiß-Zeichnungen, die über Möbelarrangements hingen. Auch wenn große Teile der Gebäudehülle aus Glas bestanden, fiel kaum natürliches Licht hinein. Die Luft stand.

Wir betraten einen schlauchartigen Raum. Tische reihten sich zu einem langen U aneinander, das sich zum Eingang hin öffnete. Drumherum versammelten sich etwa 20 Personen, die teils standen und sich in gedämpftem Tonfall unterhielten, teils konzentriert vor ihren ausgeklappten Laptops saßen und arbeiteten. Der Auszubildende war verschwunden. Niemand schenkte uns Beachtung.

Ganz vorne entdeckte ich Tom, der sich gerade vertraulich zu einer jungen Dame hinüberbeugte, als er uns bemerkte. »Ah, Jacob, richtig?

Willkommen in unserer kleinen Folterkammer.« Lachend stand er auf und schüttelte mir die Hand. Er trug einen Kapuzenpullover, dazu eine Anzughose und schwarze Lederschuhe. Die blonden Surferlocken, die ich von seinen Social-Media-Bildern kannte, hatte er mit Gel nach hinten geklebt, es roch nach Kokosnuss.

»Das ist Aline, mein neuer Project Lead – ihr werdet's nicht glauben, aber uns ist gerade aufgefallen, dass wir zum gleichen Friseur gehen.« Alines Blick würgte ihn. »Seid ihr gut hergekommen? Besonders pünktlich, ist notiert, thumbs up.« Er zeigte beide Daumen. Sein Lachen klang, als hätte man es aufgenommen und wieder abgespielt. »Ein paar Kollegen sind kurz rausgegangen, aber ich denke, so in 15 Minuten können wir loslegen. Präsentiert ihr per USB oder vom Laptop?« – »Gerne vom Laptop«, antwortete ich. »Nice. Ist alles vorbereitet, müsst euch nur noch drüben anstecken.«

Ich nahm den Platz ganz vorne am U ein, öffnete meinen Koffer, um den Laptop hervorzuziehen, und schloss ihn schnell wieder, damit man die Leere nicht bemerkte. Der CEO begrüßte in der Zwischenzeit einen Vertreter der Bank, den er offensichtlich kannte.

Unerwartet früh fuhren die automatischen Jalousien vor der Fensterwand runter, sodass ausschließlich das Beamerlicht den Raum erhellte. Ich konnte die Gesichter und ihre Mimik am anderen Ende des Raums kaum mehr erkennen, was mir aber auffiel:

Aline war die einzige Frau im Raum und ich, wie vermutet, neben Tom und ihr der Jüngste.

Das Pochen an meinen Schläfen wurde heftiger. Es fühlte sich an, als würde sich ein glühender Draht von innen durch die Schädeldecke bohren. In meinem linken Ohr setzte ein Pfeifen ein, und ich musste fürchterlich husten. Tom und Aline sahen zu mir hinüber. Ich schämte mich. In der Verfassung konnte ich unmöglich präsentieren. Da mir nichts Besseres einfiel, entschuldigte ich mich bei den Anwesenden, brachte mit schiefer Stimme hervor, dass ich gleich wieder da sei, stand auf und schlüpfte zur Tür hinaus.

Wohin, wusste ich nicht, aber egal, beruhig dich erst mal, sagte ich mir, vier Sekunden durch die Nase einatmen, Luft anhalten, bis sieben zählen, acht Sekunden durch den Mund ausatmen, wiederholen und noch mal, ganz ruhig, ja, besser – der Husten ließ nach. Ich entschied, mich kurz frisch zu machen und sah mich nach einem WC um, doch da war keines, nur Bürotüren, eine nach der anderen, mit glänzenden Messingschildern und eingravierten Namen. Bis ich wieder vor der Fahrstuhltür stand.

Klar, so erinnerte ich mich, in der Empfangshalle gab es Toiletten, hätte ich mir das mal vorher überlegt, jetzt würde das natürlich zu lange dauern, ich konnte ja schlecht hinunter- und wieder hinauffahren.

Gut, so wichtig war das WC jetzt auch nicht, macht keinen Unterschied, trieb ich mich an, während ich den Weg zurückging, durch den uns zuvor der Auszubildende geführt hatte, hör auf, dich verrückt zu machen. Du packst das schon. Noch mal machte ich meine Atemübung, schüttelte mich und nahm mir vor, den Meetingraum mit breiter Brust zu betreten – nur fand ich die Tür nicht.

Hatte Tom sie bereits geschlossen? War ich vorbeigegangen? Ich blieb stehen, versuchte mich zu orientieren, aber jede Zeichnung an der Wand, jedes Möbelstück, alles sah auf einmal gleich aus.

Erneut drehte ich um. Ich erinnerte mich, dass sich der Meetingraum auf der rechten – jetzt linken – Seite befand. Tür für Tür ging ich ab. Anhand der Messingschilder ließen sich Büros ausschließen. Name folgte auf Name, Stellenbezeichnung auf Stellenbezeichnung. Bis ich vor einer Tür stand, auf deren Schild nur »Linux« stand. Ich öffnete sie einen Spalt, sah hinein, fand unsere Runde vor, trat erleichtert in den Raum und machte sogleich zwei energische Schritte zu meinem Platz, da erst bemerkte ich, dass dort schon jemand saß. Ich hatte mich getäuscht, die Runde sah nur so aus wie unsere. Entschuldigungen murmelnd schob ich mich wieder zur Tür hinaus.

Als ich zurück auf dem Gang war, vibrierte mein Handy. Mist, sicher der CEO, der wissen wollte, wo ich blieb. Durfte da nicht rangehen, was sollte ich sagen, sicher nicht, dass ich mich verlaufen hatte. War ja kein Kind mehr.

Mir wurde das alles zu viel. Mich überkam die Sehnsucht nach einem Ort, an dem es nur mich gab und niemanden sonst, ein Ort, an dem ich einfach sein konnte, ohne glänzen oder mich freuen zu müssen. Es dauerte eine Weile, bis ich mich wieder gefangen hatte.

Da fiel mir auf, dass zwei Türen weiter gar kein Messingschild angebracht war. An das Bild an der Wand gegenüber meinte ich mich sogar erinnern zu können. Als ich die Tür öffnete, fand ich aber auch hier nicht unsere Runde vor. Ich hätte sie wieder schließen, hätte umdrehen und weitersuchen sollen, stattdessen trat ich ein.

Plötzlich stand ich in einem Wald. Birken drängten sich dicht an dicht, Blätterkronen schlossen sich über mir zu einem Dach zusammen. Am Boden wuchsen Gräser und Farne und irgendwo plätscherte ein Bach. Dabei roch es, als hätte jemand Plastik verbrannt.

Ein Trampelpfad führte mich wie ein Tunnel durch das Dickicht. Ein Hirschkäfer kreuzte meinen Weg. Ich folgte dem Pfad, bis sich vor mir eine Lichtung auftat, in deren Mitte mich weit überragende, von Moos bewachsene Tragsteine standen, auf denen ein mehrere Meter langer Dachstein lag. Die Megalithen, dachte ich.

Ich legte meine Hand auf die Oberfläche des unbehauenen Steins, erwartete, dass er die Wärme eines langen Sommertags in sich gespeichert hatte, doch ich spürte nichts. Da verstummte plötzlich alles, die Farben verloren an Tiefe, die Megalithen verschwanden und der Wald wich zurück, bis von ihm nur noch eine Tapete an den Wänden zurückblieb.

An der Decke ging sie in einen blauen Himmel mit vereinzelten Schäfchenwolken über, ein senfgelbes Sonnengesicht lachte herunter. Der Boden, der gerade noch von Farnen bewachsen war, bestand aus schwarzen Linoleumplatten. Ein schmaler künstlich angelegter Bach rann im Zickzack hindurch und verschwand in einem länglichen Abfluss an der Rückwand. Würfelförmige Projektoren, die sich in den Zimmerecken befanden, warfen mildes Licht.

In der Mitte des Raumes saß die Dame aus dem Aufzug auf einem weißen Ledersessel. Mit einem elektronischen Stift malte sie auf einem Tablet herum, war ganz in ihre Arbeit versunken und bemerkte mich gar nicht. Als ich hustete, fuhr sie zusammen. Sie hatte ein schmales faltiges Gesicht, freundliche Augen und trug ein rosafarbenes Tuch und knallig roten Lippenstift. Ihre Brille besaß riesige runde Gläser und einen massiven schwarzbraunen Rand, den sie nun zwischen Daumen und Zeigefinger festhielt. Ihre Augen ruhten so lange auf mir, dass ich schon dachte, die Zeit sei stehengeblieben.

»Wie sind Sie hier reingekommen?«, fragte sie. »Durch die Tür.« Meine Antwort klang wie eine Gegenfrage. »Verstehe.« Wenn sie lächelte, lächelte ihr ganzes Gesicht. Dann verlor sie von jetzt auf gleich das Interesse an mir und widmete sich wieder der Zeichnung auf ihrem Tablet.

»Entschuldigen Sie, aber der Wald …«, ich wusste nicht, wie ich es formulieren sollte. »Gefällt er Ihnen?«, schloss sie an, als ich nicht weitersprach. »Nur der Regen fehlt, nicht wahr? Daran arbeite ich gerade, nicht so einfach.« – »Sie haben das gemacht?« Weder antwortete sie, noch blickte sie vom Tablet auf. »Ich kenne diesen Wald«, fuhr ich fort. »Ja, ist doch klar«, sie wedelte mit dem Stift durch die Luft, sodass ihre Armreifen aufeinander klackten.

Ich verstand nicht. »Und die Megalithen?«, fragte ich weiter. »Aus dem Griechischen, mégas, groß und líthos, Stein«, antwortete sie erneut, ohne aufzublicken, »angeblich Tausende von Jahren alt. Finden sich überall auf der Welt. Ist unklar, wer die aufgestellt hat. Wie wurden die bewegt, tonnenschweres Gewicht, ohne Maschinen? Es gibt die Theorie, die seien von selbst aus dem Boden gewachsen, genau an den Stellen, wo einmal Blitze einschlugen.« Sie sah mich an und grinste. »Man wird ja wohl noch träumen dürfen.«

Da erst fiel mir der Pitch wieder ein. Ich hustete. Die Dame zog ein goldenes Döschen aus ihrer Brusttasche. »Mint?« Ich nahm eins und steckte es in den Mund. »Ich muss …« – »Schon klar, weiter, immer weiter.« Sie wedelte mit dem Stift durch die Luft. Kurz blieb ich stehen, unschlüssig, ob ich noch etwas sagen sollte, dann ging ich zurück zur Tür, durch die ich hereingekommen war.

Ich trat jedoch nicht auf den Gang hinaus, sondern sah mich plötzlich im Meetingraum vor dem U stehen. Etwas stimmte nicht mit mir, dachte ich, zu wenig Schlaf, zu viel zu tun. Alles ging zu schnell, geriet durcheinander. Endlich nahm ich wieder meinen Platz neben dem CEO ein.

Ich hörte, wie mein Name geflüstert wurde, ohne jedoch gleich zu realisieren, dass schon eine Weile vergangen sein musste, seit ich mich hingesetzt hatte. Der CEO, der mich mit einer Mischung aus Sorge und Verzweiflung ansah, fragte noch einmal, ob alles mit mir in Ordnung sei. Ich nickte benommen. Daraufhin stand er auf, stellte sich und *Nitrogold* vor, baute Gründungsjahr, Mitarbeiterzahl und Standorte der Agentur geschickt in seine Begrüßung mit ein und drehte sich schließlich zu mir.

»Jacob Speerforck, Teamlead unserer Unit Digital Transformation wird Sie nun durch unsere Präsentation führen.«

Ich sah mich aufstehen, zur Fernbedienung greifen und mit einem Schwiegersohnlächeln den Platz neben der Leinwand einnehmen. »Lieber Tom, sehr geehrte Damen und Herren, vielen Dank für die Einladung zu Ihrer Ausschreibung, wir freuen uns sehr!« Als hätte sich ein Schalter umgelegt, sprach ich gleich die ersten Worte so ruhig und mit tiefer

Stimme, wie ich es mir vorgenommen hatte. Weder Husten noch Kopfschmerz plagten mich länger, ich funktionierte.

Während ich die Anwesenden durch die Präsentationsfolien führte, schob ich hier und da einen Witz ein, stellte rhetorische Fragen, und machte kluge Pausen, dann endlich der große Moment, der Prototyp, Kay auf hellblauem Hintergrund, kein Text, nur die Animation der Figur. Ich steuerte sie mit meinem Handy an, richtete die Kamera auf mein Gesicht, und das von uns entwickelte Konto erschien.

Zunächst kommunizierte ich per Mail, dann per Chat, schließlich sprach ich Anweisungen laut in den Raum. Kay gehorchte stumm, zeigte meinen Kreditrahmen an, ordnete die fiktiven Zahlungsausgänge nach Supermarkt-Einkäufen, stellte Eingänge anhand von Infografiken in eine zeitliche Abfolge, hob Entwicklungen und Ausreißer hervor, erledigte Überweisungen und richtete nach meinen Wünschen Daueraufträge ein. Alles funktionierte so einwandfrei, dass es mich beinahe überraschte.

Der letzte Test mochte funktioniert haben, die Vorstufe des Prototypen hatte ich mir dennoch bereits auf den Desktop gezogen, um im Notfall schnell wechseln zu können. Diese beinhaltete zwar keine Spracherkennung, war aber wenigstens einen Tag lang von den Kollegen auf Herz und Nieren geprüft worden – aber nicht nötig. »Kay ist mehr als ein Robo Advisor«, hörte ich mich abgeklärt sagen, »Kay wird das Gesicht Ihrer Bank im Internet.«

Zahlreiche von uns zusammengestellte Studien, Daten und Informationen über Millennials belegten im Nachgang, dass die Banker von morgen ihren Alltag hypermodern und hyperflexibel gestalteten. Wer in Zukunft nicht abgehängt werden wollte, folgerte ich, müsse seinen Finanz-Service demnach nicht einfach nur umbauen, sondern radikal umbauen. »Deshalb: Kay.« Das saß, der Rest war Formsache. Schließlich schloss ich mit dem Leitsatz der Bank – quasi dem Happy End – die Präsentation ab und nahm wieder meinen Platz neben dem CEO ein.

Höfliches Klopfen, während die Jalousien hochgefahren wurden, dann kehrte Stille ein. Sie diente dazu, Druck auf die Präsentatoren auszuüben, um zu prüfen, ob sie in rechtfertigende Muster verfielen, eventueller Kritik vorgriffen und damit die eigenen Schwächen auf dem Servierteller präsentierten.

Wir hielten still, dafür konnte ein feister Herr zwei Plätze rechts von uns nicht länger an sich halten. »Warum Kay?«, fragte er, auf seinem Sitz herumrutschend, »warum nicht Max – oder Agata?« Niemand lachte, er schon, sehr laut sogar, nur seine Augen lachten nicht mit, sahen hilfesuchend in die Runde.

»Kay ist ganz bewusst weder weiblich noch männlich«, antwortete ich, »der Name hat keine bestimmte Bedeutung, die Buchstaben sollen auch nicht als Abkürzung dienen. Kay ist einfach nur Kay; uns gefiel allerdings die Nähe zu okay. Natürlich können wir gemeinsam noch mal eine Runde drehen, wenn Sie sich für unsere Agentur entscheiden sollten.«

Weitere Fragen aus dem Gremium schlossen sich an, teils zu technischen Funktionen, die ich vorgestellt hatte, teils zu Kays Aussehen, unter anderem ob man nicht besser einen Menschen nachbilde oder unsere Figur wenigstens mit mehr Muskeln versehen könne. Während ich so geduldig wie möglich antwortete, hustete man trocken oder räusperte sich, dann herrschte wieder Stille.

»Mit Blick auf das digitale Business der Zukunft«, Tom war aufgestanden und sprach mit ausgebreiteten Armen, mehr zur Runde als zu uns, »braucht es innovative Konzepte. Es ist nur eine Frage der Zeit, die Virtualisierung im Banking wird voranschreiten, zahlreiche Studien prognostizieren das. Wenn wir den Schritt nicht machen, machen ihn unsere disruptiven Mitbewerber. Das haben wir doch in anderen Branchen schon erlebt.«

Natürlich sei es bis dahin noch ein weiter Weg, auf dem man Prozesse optimieren und intern vor allem eine gewisse Fehlertoleranz entwickeln müsse, da wolle er keinem etwas vormachen. »Aber was am Ende dabei herauskommen kann, das hat die Präsentation – wie ich finde durchaus beeindruckend – aufgezeigt.«

Ich bedankte mich höflich, ohne mir die Freude über sein Feedback anmerken zu lassen. Zumal Tom die Runde nicht auflöste, als er sich wieder hingesetzt hatte. Stattdessen ergriff ein untersetzter Herr mit dünnem Haar und Nickelbrille am Kopfende des Tisches das Wort, den ich auf etwa sechzig schätzte. Er stand auf, stellte sich als Vorstandsmitglied vor und lobte das interessante Konzept und die professionelle Vorbereitung. »Ich gehe davon aus, dass Sie uns Ihre Unterlagen auch in schriftlicher Form vorlegen, damit wir sie mit der notwendigen Sorgfalt prüfen können.« Ich stimmte zu.

»Diese Millennials, von denen lese ich immer wieder.« Er formte mit seinen Händen eine Raute vor seinem Schritt. »Sie gehören ja auch dazu, nicht?« Er warf mir einen herausfordernden Blick zu, fuhr aber fort, bevor ich zu einer Antwort ansetzen konnte. »Lassen Sie sich nicht ärgern, Sie haben das gut gemacht. Aber ich verfolge das, die neue Generation. Es heißt, die wollen keine Verantwortung übernehmen, sich nicht festlegen, nie lange bleiben. Gehe nur noch um die Work-Life-Balance, stand in der Zeitung. Dann verstehe ich natürlich Ihren Ansatz zu sagen: Lassen wir in Zukunft doch alles die Künstliche Intelligenz für die regeln.«

Ein Schmunzeln und die Runde brach in schallendes Gelächter aus. Wir lachten mit, was wäre uns auch anderes übrig geblieben. »Eine Frage müssen Sie mir aber erlauben. Wie viele Arbeitsplätze, glauben Sie, können wir mit Ihrem System einsparen?«

Ich zögerte, denn mit dieser Frage hatte sich weder das Briefing der Bank noch unser Konzept befasst.

»Kay dient nach außen hin als digitales Pendant des Bankberaters«, wiederholte ich, um dann bestimmter anzuschließen, »für den grundlegenden Service der Bank wird das Smartbanking, in welcher Form auch immer, menschliche Ansprechpartner aber nicht ersetzen. Bei Kay handelt es sich im Grunde auch nur um einen weiteren Kommunikationskanal, den es laufend zu optimieren gilt.«

»Dennoch«, unterbrach mich der CEO, »sind wir selbstverständlich davon überzeugt, dass unsere Lösung zu einer deutlichen Produktivitätssteigerung Ihres digitalen Geschäfts beitragen wird. Die Potenziale im New Biz haben wir in unserer Präsentation bereits aufgezeigt, konservative Schätzungen, basierend auf unseren Erfahrungswerten aus vergleichbaren Branchen. Dazu sammeln wir Daten, indem wir regelmäßig die entsprechenden Zielgruppen befragen. Für verlässliche Aussagen zur Produktivitätssteigerung müssten wir jedoch die ersten User-Tests abwarten, alles andere wäre an dieser Stelle verfrüht.«

»Herzlichen Dank.« Der Vorstand stand auf. »Unser Gremium wird sich in den nächsten Wochen beraten und Ihnen die Entscheidung zeitnah mitteilen. Bis dahin: keep innovating!«

6 |

»Ich muss dem Ganzen erst mal nachspüren«, so der CEO, nachdem er mich für den konzentrierten Auftritt gelobt hatte. Mehr sagte er nicht, bevor er in ein Taxi stieg, das ihn zurück ins Hotel chauffierte.

Mich erreichte auf dem Weg zum Flughafen eine E-Mail von unserer Buchhaltung. Die von mir abgegebene Excel mit den Leistungsdaten des Teams sei fehlerhaft, das müsse ich bitte bis zum Abend berichtigen, sonst werde man das nicht ans Management weiterleiten. »In diesem Fall wärt ihr das einzige Team, das nicht im Monatsreporting auftaucht.« Spätestens zu diesem Zeitpunkt hätte ich die Reißleine ziehen, den Tag Revue passieren lassen und das Geschehene einordnen müssen. Stattdessen saß ich im Flieger und versuchte, irgendwie hinterherzukommen.

Die Excel enthielt Formeln, die aus den eingetragenen Projektdaten Kennzahlen errechneten. Diese machten die Leistungen der Teams vergleichbar. Da wir im vergangenen Monat zahlreiche Tagewerke für den Pitch aufgewendet hatten, fehlte es uns an verrechenbaren Leistungen. Bei meinem Versuch, die Werte mit ein paar Kniffen zu beschönigen, mussten sich Fehler eingeschlichen haben. Nur welche?

Die Zahlen, die unsere Buchhaltung markiert hatte, ließen sich nicht so einfach korrigieren. Durch die Formeln hing alles miteinander zusammen. Zelle für Zelle ging ich durch das Sheet, kontrollierte einen Wert nach dem nächsten, änderte hier etwas, zog dort etwas nach, kam jedoch nie auf die richtige Summe. Bis mein Herz plötzlich anfing, heftig zu pochen.

Im Getümmel der Flughafenhalle wiederholte sich das Ganze, und ich musste Halt suchen, weil ich fürchtete, meine Knie würden nachgeben. In einem Durchgang lehnte ich an der Wand, tat so, als wäre ich gerade in den Bildschirm meines Handys vertieft, in Wirklichkeit wartete ich ab, bis ich wieder in der Lage war, einen Schritt nach dem nächsten zu machen.

Auf der Taxifahrt durch den stockenden Berufsverkehr plagten mich Hitzewallungen, zu Hause angekommen knockte es mich vollends aus. Halb auf dem Sofa liegend, halb runterhängend rief ich mit letzter Kraft Stella an. Sie brachte mich sofort ins Krankenhaus.

Als ich wieder zu mir kam, war es stockfinster und roch nach Desinfektionsmittel. An meinem Zeigefinger klemmte ein Messgerät, an meiner Brust klebte ein Kabel und ich trug außer meiner Unterhose nur noch einen knöchellangen Überwurf, dessen Säume an der Haut rieben, als wären sie aus Plastik. So wie es in dem Raum hallte, musste er riesig sein, ich konnte das jedoch nicht erkennen, auch nicht, nachdem sich meine Augen an die Dunkelheit gewöhnt hatten. Vorhänge grenzten meinen Bereich ab.

Ein Mann stöhnte, als würde es das Leben aus ihm herausziehen, dazu kamen unappetitliche Sauggeräusche, es blubberte, Menschen redeten im Befehlston durcheinander, mechanisches Piepsen im Sekundentakt. Der Tumult wiederholte sich in der Nacht noch drei weitere Male, »Routine«, so der Arzt, den ich über einen Knopf, der sich seitlich an meinem Bett befand, zu mir gerufen hatte. »Nur Wasser in den Lungen«.

Am nächsten Morgen saß Stella neben mir auf einem Plastikstuhl, sagte nichts, sah durch mich hindurch. »Das wird schon wieder«, versuchte ich sie aufzuheitern, »bin ja nicht aus Zucker«. Der Arzt habe mir in der Nacht versprochen, dass ich spätestens am Abend wieder nach Hause dürfe. »Sie wollen nur ein paar letzte Checks machen, um sicherzugehen, dass alles mit mir in Ordnung ist.« Aus meinem Mund klang das fast euphorisch – was wohl mit dem Sauerstoff und was weiß ich welchen anderen Medikamenten zusammenhing, die man mir verabreicht hatte, um mich wieder auf die Beine zu bringen. Tatsächlich fühlte ich mich trotz der turbulenten Nacht ausgeschlafen wie schon lange nicht mehr.

»Mit Ihrem Kopf und Ihrem Herz ist alles, wie es sich für einen Endzwanziger gehört«, so der Arzt, »die Werte stimmen, nur an Vitamin D fehlt's, aber das wundert mich bei Ihnen nicht, nachdem was Ihre Freundin erzählt hat.«

Er entließ mich mit der Vorgabe, zwei Wochen strengste Bettruhe zu halten, »damit Sie es nicht wieder verschleppen. Ein Kaffee pro Tag reicht vielleicht erst mal. Und dann gehen Sie mal raus an die frische Luft, bisschen bewegen, ja?« Ich nickte artig, insgeheim hoffte ich trotzdem, maximal drei weitere Tage auszufallen, damit ich nach dem Wochenende wieder einsatzbereit war.

Nun übernahm mein Körper die Kontrolle. Es fühlte sich an, als habe er den Plan gefasst, sich jede einzelne Stunde Schlaf zurückzuholen, die ich ihm in den vorherigen Wochen nicht gegönnt hatte. Ob Tag oder Nacht, spielte keine Rolle mehr. Ich verließ das Bett nur noch, um auf die Toilette zu gehen oder zu lüften. Häufig stiegen Bilder auf, denen ich ausgeliefert war. Bilder vom Gullyschacht, dem Taxifahrer, dem CEO, von Tom, der Dame mit dem Hosenanzug, und den Megalithen, die mich weit überragten. Ich konnte sie in keine Ordnung bringen.

Schlief ich nicht, schaute ich die Wand an. Kann ziemlich aufregend sein, so eine Wand, vor allem, wenn man jahrelang nicht dazu kommt, sie anzuschauen. Ich entdeckte Unregelmäßigkeiten im weißen Einerlei, Löcher in der Struktur, die zu Punkten wurden, Punkte, die Farben annahmen.

Sie schwebten durch die Luft, jagten einander hinterher, holten sich ein, gingen ineinander auf. Wenn ich die Augen schloss, veränderte sich ihre Gestalt, sie nahmen neue Formen an, und verschwanden wieder, wenn ich meinte, sie mit den Händen greifen zu können.

Bald überfiel mich das unbedingte Bedürfnis, endlich mal wieder ein Buch zu lesen. Tat ich dann auch, doch die Geschichte packte mich nicht und mir fehlte die Geduld, also legte ich es weg und sah wieder die Wand an. So ging das eine Woche, bis ich immer unruhiger wurde.

Die Schwere in den Gliedern drückte mich zwar weiterhin ins Bett. Dennoch ertappte ich mich dabei, wie ich immer häufiger auf mein Handy schaute. Dass von der Bank noch keine Rückmeldung gekommen war, musste nichts heißen. Dass sich von meinem Team aber niemand meldete, und ich auffällig wenige E-Mails bekam, machte mich nervös.

Schließlich hielt ich es nicht mehr aus und rief meinen Projektmanager an. »Wollte nur mal hören, was es denn so Neues gibt«, tat ich tiefenentspannt. »Alles im Lot«, lachte er. Nach meinem Ausfall habe er die Excel mit den Leistungsdaten korrigiert.

»Die Buchhaltung hat uns dann doch noch einen Tag mehr eingeräumt. Kostete mich eine weitere Nachtschicht, ging aber letztendlich durch.« Ansonsten müsse er viel telefonieren, die üblichen Sorgenkinder. Jetzt, nach dem Pitch, könne man sich wieder mehr auf das laufende Projektgeschäft konzentrieren, das mache die Sache einfacher. »Grundsätzlich herrscht gute Stimmung.«

»Kein Wunder«, witzelte ich, »ohne Chef, der einem die ganze Zeit auf die Nerven geht.« Er verstand. »Natürlich vermissen wir dich.« Zögern. »Aber wenn du dich noch ein paar Tage auskurieren willst, passt das schon. Wir halten hier die Stellung.« – »Von Wollen kann gar keine Rede sein.« Ich sei nun mal zwei Wochen krankgeschrieben, fügte ich an, was bleibe mir anderes übrig. »Melde dich, wenn was aufpoppt«, wies ich ihn an. Den Krankenhausaufenthalt verschwieg ich natürlich weiterhin.

»Für meinen Burnout-Patienten.« Stella hatte mir zwei belegte Brote ans Bett gebracht und strich mir mit ihrem Zeigefinger sanft über die rechte Augenbraue. Ich vergaß zu protestieren. Burnouts hielt ich eigentlich für eine Modeerscheinung, die in den gleichen Topf wie Work-Life-Balance oder Laktose-Intoleranz gehörte. Das wusste Stella natürlich, sie wollte mich nur necken.

»Herr Schimmelpfennig hat in den Osterferien geheiratet und jetzt rate mal, wen?« Fragend sah ich sie an. »Die Lisa Meyer.« Meine Reaktion reichte nicht aus. »Die Lisa Meyer!«, rief sie. »Die aus der Französisch-Klasse. Hat sogar bei ihm in Bio Abi gemacht. Keine vier Jahre ist das her. Blond, nichtssagendes Gesicht, schüchtern – gehörte zum

Durchschnitt bei mir in Englisch. Aber 20 Jahre Unterschied? Ihr Männer seid echt eklig.«

»Und Max«, fuhr sie aufgeregt fort, einer ihrer Lieblingsschüler, »da bricht die Pubertät jetzt völlig durch, nix Weltwirtschaftskrise, der hat nur Augen für Kristina.

Dabei trägt die ihre Nase hoch und ist nicht im Geringsten an ihm interessiert. Also macht er in Geschichte neuerdings den Clown. Heute hat er sich mit einem Taschentuch in der Nase gekitzelt, bis er am laufenden Band niesen musste. Hab ich ihn halt rausgeschmissen.« Sie lachte. »Nach der Stunde kam er dann zu mir mit seinem Hundewelpenblick.«

Wenn Stella so angefüllt mit Geschichten aus der Schule kam, regte sich in mir die Frage, ob ich nicht doch hätte Lehrer werden sollen. Meine Entscheidung gegen das Referendariat und für die Agentur hatte Stella immer unterstützt und gleichzeitig hinterfragt. Weniger wegen meiner 70-Stunden-Wochen, mehr weil sie fand, der Job würde einfach nicht richtig zu mir passen. »Du wärst ein guter Lehrer geworden«, sagte sie immer. Wobei, mittlerweile sagte sie es nicht mehr, sie warf mir nur diesen Blick zu.

Wir hatten uns im ersten Semester in einer Vorlesung kennengelernt, auf einmal saß sie neben mir. Damals galt ich noch als selbsterklärter Feind des Internets. Weder war ich bei Facebook angemeldet, noch besaß ich ein Handy. Musik hörte ich von meinem uralten Walkman, kam mir dabei ziemlich cool vor. »Schade«, fand Stella und durchbrach mit einem Wort all mein Getue, über allen Dingen zu stehen.

Damals trug sie einen Bob, der wild über ihre starken Augenbrauen fiel, einen viel zu großen, grünen Pullover, eine enge Jeans und abgewetzte weiße Sneaker. Sie war mir sofort aufgefallen. Sie anzusprechen, hätte ich mich jedoch niemals getraut. Meine Beziehungen waren bis dahin immer nach kurzer Zeit gescheitert, meistens, weil ich unerträglich wurde, wenn man mir zu nahe kam. »Warum schade?«, fragte ich also mit Herzklopfen. »Na ja«, antwortete sie, »eigentlich hätte ich dich gerne mal getroffen, aber ohne Facebook oder Handy können wir uns ja schlecht verabreden.«

Wir trafen uns das erste Mal in der Bibliothek, dort verbrachte ich die meiste Zeit. Zumindest bis zu meinem ersten Job – von dem ich nach dem Bewerbungsgespräch noch dachte, es handele sich um ein Praktikum in einer Musikredaktion, für das mich mein Anglistik-Studium prädestinierte.

Letztlich ging es um werbliche Beiträge für den Katalog einer Plattenfirma, die Betreuung der Social-Media-Profile und vor allem um das Einpflegen von Inhalten auf der Webseite, 70 Prozent meiner Arbeitszeit verbrachte ich mit copy and paste. Keine Ahnung, warum ich nicht sofort wieder kündigte. Vermutlich reichte es, dass alle mit mir zufrieden waren. Ich hätte auch Regale einräumen können oder Autos einparken, es wäre aufs Gleiche hinausgelaufen.

Nur brachte es dieser Job mit sich, dass ich fortan Erfahrungen im Umgang mit digitalen Plattformen vorweisen konnte. Plötzlich interessierte sich der Arbeitsmarkt für mich, das nächste Praktikum ergab sich wie von selbst.

Die Hälfte der Woche saß ich in Pädagogik-Vorlesungen oder hörte Lehramtsanwärtern dabei zu, wie sie mit zittriger Stimme Referate hinter sich brachten, die andere Hälfte saß ich in einem Büro mit einer blutjungen, volltätowierten und nicht selten zugedröhnten Digitalisierungstruppe, die davon überzeugt war, mit jedem Brainstorming die Welt in ihren Grundfesten zu erschüttern. Hielt ich für keine schlechte Abwechslung, so nebenbei, obwohl ich nie auf die Idee gekommen wäre, selber Drogen zu nehmen.

Die Hauptsache: Ich konnte meinen Vater anrufen und ihm sagen, dass ich dank Halbwaisenrente und der angekündigten Ernennung zum Junior-Konzepter nicht mehr auf Unterhalt angewiesen war. Hatte natürlich nicht den gewünschten Effekt, er stoppte nur den Dauerauftrag – kein Lob, nichts. Er fragte nicht einmal, ob mein Studium unter der Arbeit leiden würde. Dabei hatte ich mir die Antwort schon zurechtgelegt, nämlich dass ich das alles unter einen Hut bekomme, nur auf mein eigentlich eingeplantes Auslandssemester verzichten muss, abends ohnehin nie ausging, fleißig war wie immer, pflichtbewusst und zielgerichtet.

»Was wirst du jetzt tun?« Stella saß immer noch an der Bettkante und sah mich an. Ich kaute weiter auf dem Käsebrot. »Die letzten Tage der Krankschreibung absitzen und dann wieder zur Arbeit gehen, was sonst?« Sie senkte ihren Blick. »Und wieder von Termin zu Termin hetzen?« – »Ja und?« – »Als ich dich ins Krankenhaus gefahren hab, meintest du, du hättest dich vor dem Pitch verlaufen und plötzlich in einem Wald wiedergefunden. In einem Wald, in dem Megalithen standen.« – »Ach, alles Kinderquatsch«, winkte ich ab.

Stella schüttelte den Kopf. »Wusstest du, dass Delfine nie richtig träumen? Hab ich vor Kurzem in einem Magazin gelesen und musste an dich denken. Nur eine ihrer Gehirnhälften träumt und weißt du auch warum? Weil sie mit der anderen jederzeit wach bleiben müssen, um die Umgebung weiter beobachten und im Fall von Gefahr reagieren zu können.« Ich sagte nichts, kaute, sah an ihr vorbei.

»Wenigstens deine Großmutter könntest du mal wieder anrufen – oder besser, fahr sie gleich besuchen, die Landluft wird dir guttun.« Stella traf einen wunden Punkt. Ich musste mich anstrengen, es mir nicht anmerken zu lassen. »Jetzt muss ich erst mal schauen, dass die Dinge wieder in geregelten Bahnen laufen, wenn ich in die Agentur zurückkehre. Wird sicher viel liegen geblieben sein in meiner Abwesenheit.« – »Mir will einfach nicht in den Kopf, warum du so viel Energie in diesen Job investierst.« – »Schon wieder das Thema?« Ich stellte den Teller auf dem Nachttisch ab, richtete mich auf und warf ihr einen grimmigen Blick zu.

Sie zupfte das Spannbettlaken hoch und ließ den Gummizug zurückspringen. Gut möglich, dass sie es dabei belassen hätte, wenn die Wut nicht in mir aufgestiegen wäre. »Ich führe ein Team, habe eine Verantwortung für diese Menschen. Wer soll denn sonst den Laden zusammenhalten? Ist ja nicht so, als würden wir jeden Tag pitchen, da geht's für uns ums Überleben. Und jetzt stell dir mal vor, wir gewinnen die Bank als Kunden.« Ich haute mit der flachen Hand auf die Matratze. »Dann werden wir zum Global Player. Revolutionieren das Smartbanking. Dann spricht bald die ganze Welt mit Kay. Und wer weiß, wenn das so weitergeht, vielleicht dauert es nicht lange und *Nitrogold* beruft mich ins Management.«

Stella testete, was der Gummizug des Spannbettlakens aushielt. »Ich finde, du verkaufst dich unter Wert.« Ich verstand nicht, wie sie das meinte, aber es ging mir schon längst nicht mehr um Argumente.

»Was weißt du schon?«, platzte es aus mir raus, »an eurer Lehrer-Bubble geht die Digitalisierung doch völlig vorbei. Ihr macht schön Dienst nach Vorschrift, arbeitet eure antiquierten Bildungsstandards ab und schiebt Folien auf jahrzehntealten Overheadprojektoren rum. Die Kids von heute gucken sich ein YouTube-Tutorial an und haben mehr gelernt. Was bringt die Doppelstunde Geschichte, wenn der Influencer ganz was anderes erzählt.«

»Das hast du mal anders gesehen. Immer online, immer abrufbar zu sein, diese Selbstdarstellung, dieser Narzissmus – das waren mal deine Horrorvorstellungen. Du hast es nur vergessen.« Weil sie so leise sprach, wurde mir erst bewusst, wie sehr ich aufgebraust war. Außerdem spürte ich tief in mir drin, dass sie recht hatte.

»Ach, ich weiß auch nicht, warum ich mich überhaupt so aufrege.« Ich kam mir unendlich dumm vor. Draußen fuhr ein Krankenwagen die Straße entlang, die Sirene klang, als müsste man die Batterie austauschen.

»Das Studium, das Praktikum, die erste Beförderung, die zweite Beförderung, der Pitch: Manchmal kommt es mir so vor, als wäre mir das alles nur passiert. Als hätte ich nur getan, was man von mir erwartet.« Ich verstummte, sah aus dem Fenster und sagte lange nichts – aus Sorge, das mich jedes Wort nur noch weiter in eine Sackgasse führte. »Aber wenn dieser ganze Aufwand für nichts gut gewesen sein soll, wozu dann das Ganze?«

7 |

Zurück in der Agentur erwartete mich ein herzlicher Empfang. Die Kollegen aus meinem Team kamen auf mich zu, fragten, wie es mir ging, bemühten sich, mich zum Lachen zu bringen und gaben mir das Gefühl, dass sie sich aufrichtig darüber freuten, dass ich wieder zurück war. Darüber hinaus hatten sie in meiner Abwesenheit das Digitalisierungsprojekt für die Supermarktkette, auch mir zuliebe, wie sie betonten, weiter vorangebracht, seitens des Kunden wurde ich am Telefon mit Lob überschüttet.

Ich wusste nicht, wie ich damit umgehen sollte, weder mit der geleisteten Arbeit noch mit der Zuneigung. Einerseits freute ich mich, dass ich nach meiner Rückkehr nicht direkt mit Problemfällen konfrontiert wurde (zumal die internen Standards unserer Agentur die Selbstorganisation zum höchsten Ziel der Mitarbeiterentwicklung erhoben), andererseits sah ich mich in dem unterschwelligen Gefühl bestätigt, mein Tun sei nutzlos; mochten die Kollegen mir auch ihre Sympathie entgegenbringen, zu brauchen schienen sie mich nicht.

Reflexhaft stürzte ich mich erneut Hals über Kopf in die Arbeit. Schon am zweiten Tag befand ich mich wieder in meinem alten Modus, eilte von Termin zu Termin und machte drei Sachen gleichzeitig. Warum auch nicht, rechtfertigte ich mich (vor mir selbst), was sprach dagegen? Mund abputzen – weitermachen, weiter, immer weiter. Schließlich hatte es mich rechtzeitig erwischt, und die Auszeit gereicht, um die Kraftreserven wieder aufzuladen.

Die alten Abläufe pendelten sich ein, Anfragen, Probleme und knifflige Entscheidungen liefen wieder über meinen Tisch, und wenn es mir mal schwerfiel, mich zu motivieren, klappte ich den Laptop zu, rief Nummern aus meiner Kontaktliste an und pflegte das Netzwerk. Nur der Pitch ließ mich nicht los. Immer wenn mein Telefon klingelte oder eine Mail reinkam, schreckte ich auf. Dann platzte der CEO in eines meiner Meetings und fragte, ob ich kurz Zeit für ihn hätte.

In der Ecke seines Büros stand ein Flipchart ohne Papier, an den Wänden fehlten Bilder und auf der Fensterbank die Blumen. Der Teppichboden sonderte immer noch frischen Gummigeruch ab. Das einzige Buch im Raum diente als Türstopper und fledderte vor sich hin. Okay, er war häufig unterwegs, warum sollte er sich Gedanken über die Einrichtung eines Büros machen, wenn er es kaum nutzte. Ich fragte mich nur, warum er dann auf dem Privileg eines eigenen Raumes bestand und nicht mit seinen Mitarbeitern an einem der Tische im Großraumbüro Platz nahm.

Wir saßen einander gegenüber, er auf seinem Schreibtischsessel, den er hochgefahren hatte, ich auf seinem Sofa, in dem man, ohne es zu wollen, so tief einsackte, dass man mit den Füßen nicht mehr den Boden erreichte. Ich versuchte dennoch eine einigermaßen aufrechte Haltung einzunehmen.

Ob ich wieder ganz gesund sei und ob er mich irgendwo unterstützen könne, leitete er wie üblich ein. Ich bemerkte an mir eine gewisse Ungeduld und antwortete knapp, um das Vorgeplänkel schnell abzuhaken. Endlich kam er zum Punkt. »Jacob, sorry, der Pitch ist lost. Die Kollegen von der Bank werden dich nächste Woche anrufen.«

Es verging eine Weile, bis ich verstand, nein, eigentlich verstand ich gar nichts. »Der tatsächliche Entscheider«, fuhr er fort, »saß im Gremium.« – »Du meinst den Vorstand?« Langsam fügte sich mir ein Bild zusammen. »Exactly. Dreimal darfst du raten, mit wem er jeden Dienstagabend in die Sauna geht. Der Hennings musste nicht mal eine richtige Idee präsentieren, hat mir mein Kontakt aus dem Gremium gesteckt. Everything arranged.«

Scheiße. Mehr fiel mir dazu nicht ein. Die ganze Arbeit, der ganze Stress, der gecancelte Urlaub, alles für die Katz. »Mach dir nichts draus«, fuhr der CEO in väterlichem Tonfall fort, »dich trifft keine Schuld, die Präsentation war top, sowohl der Inhalt als auch dein Auftritt vor Ort. Networking auf der Ebene, das ist meine Aufgabe. Bin nur leider nicht so der Saunatyp.«

Er grinste, ich grinste nicht. »Wie lange wusstest du schon, dass nichts zu holen ist?« – »Es gab Hinweise in diese Richtung, to be honest. Nur hatten wir da den Pitch bereits angenommen.« Der CEO schob seine Brille mit dem transparenten Rahmen die Nase hoch und zuckte mit den Schultern. »Ich hab halt an dich geglaubt.«

Mich überkam das Bedürfnis, irgendetwas kaputt zu machen.

Nur bot das Büro dafür wenig bis keine Möglichkeiten. Mein Blick fiel erneut auf das zerfledderte Buch, das vor der Tür auf dem Boden lag. Mir kam unser Japan-Reiseführer in den Sinn, wie er am Tag des Pitches auf dem Boden neben unserem Nachttisch lag. Aus meinem Körper wich jegliche Spannung und ich rutschte tiefer ins Sofa.

»Egal«, hob der CEO an, »Clients come and go. Auch aus einem verlorenen Pitch können wir unsere Lehren ziehen, darüber sprachen wir bereits, remember?« Weil ich nicht reagierte, nicht wusste, wie ich hätte reagieren können, schlug sein Tonfall um. »Ach komm, wie viele Pitches hast du bisher geführt – zwei? Drei? Mir war wichtig, dass ich dich mal erlebe in so einer Situation, wie du performst. Eure Projekte laufen smooth, die Performance des Teams stimmt und das Jahr ist noch jung. Keep innovating.«

Tom rief mich nicht mehr an, wir hörten nie wieder etwas voneinander. Dafür erhielt ich eine E-Mail von Aline, die mir herzlich zu einem »hervorragenden zweiten Platz« gratulierte. Ich musste lachen. Ernst nehmen konnte ich das alles jedenfalls nicht mehr. »Da Tom das Unternehmen verlassen hat«, endete die Nachricht, »und das Digitalteam nun von mir geleitet wird, bitte ich dich, bei eventuellen Rückfragen direkt auf mich zuzukommen.« Gut gemacht, dachte ich.

Noch am gleichen Tag hatte ich Nicki am Telefon, der anrief, um mir seinen Sieg aufs Butterbrot zu schmieren. Es tue ihm wirklich leid, ätzte er, aber manchmal reiche eben auch das innovativste Konzept nicht. »Weißt ja, entweder man hat's oder man hat's nicht.«

Seit dem Gespräch mit dem CEO hegte ich Groll, war sogar im Kontakt mit Kolleginnen und Kollegen ständig gereizt, doch Nickis Siegesgetue brachte mich trotzdem nicht auf die Palme. Mein Ärger richtete sich nicht gegen ihn. Ich gönnte ihm den Erfolg. An unsere gemeinsamen Anfänge in der Agentur dachte ich gerne zurück; wir beide, grün hinter den Ohren, aber wie Löwen auf der Jagd nach der nächsten Beute, also dem nächsten Auftrag. Twins, so hatten uns die Kollegen immer genannt.

Dass es Nicki damals nicht zum Teamleiter gebracht hatte, war auf einen Zwischenfall in unserer Leadership-Ausbildung zurückzuführen. Während eines der ersten Workshops hielt der

Achtsamkeitslehrer uns angehende Führungskräfte an, »vom Ich zum Wir« zu laufen. Sprich, er ging vor, mal zügig, mal in Zeitlupe, und wir folgten ihm, einer nach dem anderen, immer synchron und mit dem Ziel, unseren Sohlen bewusst nachzuspüren, um den Boden »in uns aufzunehmen«.

Alle machten mit, nur Nicki brach aus, lachte, kriegte sich kaum ein und rief, dass das doch alles gequirlte Scheiße sei, weil ganz ehrlich, sich einen runterholen, das könne er schließlich auch alleine, dafür brauche er keinen Guru.

Das kam intern weniger gut an.

Nicki, am anderen Ende der Leitung, verstummte. Er hatte sich wohl darauf eingestellt, dass ich sein Spiel mitmachen und zurückkeilen würde. Als ich ihm stattdessen zum gewonnenen Pitch gratulierte, verlor er den Faden, wurde auf einmal ganz weich. An einem Abend, ein paar Tage drauf, versackten wir so fürchterlich in einer schlechten Bar, dass ich deswegen meinen vierten Gin Tonic-bedingten Fehltag verbuchte. Dass ich mich innerlich von der Agentur zu entfernen begann, erzählte ich ihm jedoch nicht, auch nicht im schlimmsten Suff.

Es kam nun vor, dass ich vor 19 Uhr das Büro verließ. Zwar hatte ich mit einem schlechten Gewissen zu kämpfen und deutete die Blicke der Kollegen immer noch als versteckte Kritik – versuchte aber, solchen Gefühlen von nun an mit einem gesunden

Trotz zu begegnen. »Morgen«, pflegte ich zu scherzen, »ist auch noch genug Arbeit übrig.«

Diese Haltung blieb nicht unbemerkt. In der ersten Videokonferenz seit meinem Ausfall wich der Achtsamkeitslehrer von der gewohnten Struktur ab. Statt Atemübungen zu machen, wollte er mit mir über den verlorenen Pitch reden. »Wie geht es dir damit?« Ich saß im Meetingraum auf einem neongrünen Sitzsack, den Laptop auf dem Schoß, die Kamera auf mein Gesicht gerichtet. An der Wand gegenüber klebten Zettel mit Gefühlsbeschreibungen, die wir zur Einstimmung in den Teammeetings aktualisierten.

Auf der positiven Seite stand: aufgeweckt, bewegt, dankbar, fröhlich, geborgen, inspiriert, kreativ, munter, optimistisch, selbstsicher, überwältigt und zugeneigt. Auf der negativen Seite: angespannt, belastet, erschöpft, gehemmt, irritiert, lustlos, niedergeschlagen, ratlos, strapaziert, verärgert und zurückgewiesen.

»Ach das ist ja schon ein paar Wochen her«, versuchte ich abzulenken, »kommt mir vor wie eine Ewigkeit.« Er kniff seine Augen zusammen. Im Hintergrund seines Zimmers war ein wandfüllendes Bücherregal aus Mahagoni zu sehen. »Ziemlich ärgerlich, wenn sich im Nachhinein herausstellt, dass nichts zu holen war, oder? Macht dich das nicht wütend?« Ich nickte. »Sogar ziemlich wütend, wenn ich ehrlich bin.« Ernst fuhr ich fort. »Wenn unser Konzept schlecht gewesen wäre, okay – war's aber nicht. Ich finde, wir hätten den Auftrag verdient gehabt.«

»Das glaub ich gern. Kay, das personifizierte Smartbanking, tolle Idee.« Die stamme eigentlich nicht von mir, antwortete ich, sondern sei im Gespräch mit Ajda entstanden. »Das ehrt dich, dass du Blumen an dein Team verteilst«, lobte der Achtsamkeitslehrer, »krank warst du allerdings auch, hab ich gehört?« – »Immer bestens informiert«, lachte ich leicht pikiert. Gleichzeitig freute ich mich, dass er sich die Zeit nahm, um sich um mich zu kümmern.

»Nach dem Pitch hat es mich erwischt. Zwei Wochen im Bett, ziemlich langweilig. Egal, alles halb so schlimm, bin schon wieder fit.« Er schmunzelte. »Es ist völlig okay, dass du dir auch mal Auszeiten organisierst. Zum Glück hast du ein starkes Team an deiner Seite. Ich kann dir in diesen Phasen nur empfehlen, Aufgaben abzugeben – vor allem an deinen Projektmanager, der macht seine Sache ja ganz gut. Und Jacob, du weißt, wenn du was auf dem Herzen hast, kannst du mich immer anrufen.«

Das Gespräch versetzte mich in eine euphorische Stimmung. Wie gut, dass ich für eine Agentur arbeite, dachte ich, der das Wohl ihrer Mitarbeiter am Herzen liegt. Nur hielt diese Stimmung nicht lange an, ganz im Gegenteil, bald drehte sie sich. Schon kurz nach dem Gespräch kam es mir vor, als habe es dabei eine zweite subtilere Ebene gegeben, die ich zunächst nicht recht fassen konnte.

Zwei Tage später kam dann plötzlich mein Projektmanager auf mich zu und fragte, ob er mir Arbeit abnehmen könne. Zufall? Wohl kaum. Was, fragte ich mich, hatte der Achtsamkeitslehrer ihm wohl über mich erzählt?

Schon bei der Vorbereitung des Leadership-Workshops wollte bei mir keine rechte Freude aufkommen. Im Gegensatz zu den vorherigen Terminen graute mir davor, »Einblicke in mein Seelenleben zu gewähren«, wie die Anforderungen meines Lernfelds es formulierten und mich in der Runde der anderen Teamleiter »offen dem Konflikt zuzuwenden«. Mal wieder lag ich stundenlang wach, bevor ich einschlief.

Eigentlich sollte das Offsite einen sogenannten Raum freier Aktivität bilden, nur wie frei durfte ich mich im Kreis unserer Agenturfamilie überhaupt bewegen, fragte ich mich, ich hatte ja bei Nicki schon miterlebt, was passierte, wenn man die eigene Gruppenzugehörigkeit infrage stellte.

Das Treffen zog sich wie immer über drei Tage – Donnerstag und Freitag gab die Firma »frei«, der Samstag ging auf das Konto der Mitarbeiter, unser Anteil an der Fortbildung sozusagen. Das Programm sah eine Aussprache vor, Standortbestimmungen im Wechsel von Feedback geben und Feedback annehmen. Ich fand mich mit elf anderen Teamleitern in einem Stuhlkreis im Festsaal eines

Seminarhotels wieder, in dem uns, nach unserer Ankunft am Abend zuvor, Spargelcremesuppe, Bachforelle und Apfelstrudel mit Vanille-Champagnerschaum serviert worden waren.

Außerhalb des Kreises, in den beiden hinteren Ecken des Raumes saßen der CEO und der Achtsamkeitslehrer, hatten die Beine übereinandergeschlagen, beobachteten unsere Aussprache und warfen sich Blicke zu oder intervenierten, wenn in der Gruppe latente Spannungen auftraten.

In der Mitte stand eine Taschentuchbox, an der sich gerade ein Kollege bediente, weil sein Team einen empfindlichen Umsatzeinbruch verkraften musste. »Ich habe nicht früh genug reagiert«, schluchzte er, »ich habe bis zum letzten Moment geglaubt, dass wir den Kunden noch irgendwie überzeugen können.« Dann brach er in Tränen aus.

Das half. CEO und Achtsamkeitslehrer erteilten ihm die Absolution, und wir umarmten den Kollegen daraufhin – fingen ihn auf wie eine Familie. Oder genauer: Die anderen umarmten ihn und ich sah fassungslos dabei zu. Denn so sehr ich es auch versuchte, mir gelang es einfach nicht mehr, mich in die Situation einzufühlen.

Als schließlich ich an der Reihe war, von den Fortschritten in meinem Lernfeld zu berichten, betete ich runter, was man von mir hören wollte, verpackte Fortschritte in Demut und erklärte Rückschritte mit der Arbeitsbelastung durch den Pitch. Tipps der Kollegen griff ich, ohne zu zögern, auf oder drückte tiefe Dankbarkeit aus. Kritik nannte ich »wertvoll«, Lob »bewegte mich«. Das reichte, um in der abschließenden Feedbackrunde einen Punkt hochgestuft zu werden, sodass ich in *Konflikte lösen* nicht mehr den letzten Platz einnahm.

Nur dem Achtsamkeitslehrer entging meine innere Distanz nicht. Er setzte sich während des Abendessens zu mir an den Tisch und verwickelte mich in ein Gespräch, bei dem ich mehrfach laut auflachen musste, weil er Geschichten nicht nur mit Witz, sondern auch mit jugendlicher Energie zu erzählen wusste. Ehe ich mich versah, hatten wir die Runde verlassen und auf der Terrasse vor dem Hotel Platz genommen, die Beine in Decken gehüllt, die letzten Sonnenstrahlen des Tages im Gesicht, er ein Glas Rotwein, ich ein Bier in der Hand.

»Jacob«, kam er zum Punkt, »ich habe dich heute nicht gespürt.« Ich blickte zu Boden, fühlte mich ertappt und suchte nach den richtigen Worten. Vielleicht hätte ich mich ihm anvertraut, wenn er ein wenig Geduld gehabt hätte, vielleicht hätte ich meine Zweifel mit ihm geteilt. Doch er unterbrach mein Stammeln. »Du wirst uns doch nicht untreu werden?« Untreu? Ich wusste nicht, was ich darauf antworten sollte, druckste herum und gelobte Besserung. Da war die Sonne schon untergegangen, und ich fragte, ob wir nicht wieder zu den anderen gehen wollten.

Es war Mai, als ich eines Morgens durch den scharfen Ruf eines Eisvogels erwachte. »Tih, tih«, machte es. Das erste Morgenlicht fiel ins Schlafzimmer, und durch den Spalt der Vorhänge konnte ich sehen, wie der Mond noch blass am Himmel stand. Ich ging zum Fenster.

In der Ferne leuchtete der Konzernturm einer Versicherung auf, blinkende LEDs funktionierten ihn zu einer bunten Werbefläche um. Vor unserem Haus schob sich ein Auto durch die Gasse und irgendwo schrie einer, wahrscheinlich besoffen, sonst nichts. Ich kroch zurück ins Bett. Neben mir Stella, die tief und fest schlief, vor mir die fahle Schlafzimmerwand.

Ich ging nicht mit großen Schritten auf die Dreißig zu, dachte ich, ich ging mir aus dem Weg. Wozu taugte ich? Der antrainierte Panzer glänzte nach außen – innen schirmte er mich vor mir selbst ab. Irgendwie durchs Leben kommen, anpassen, mitlaufen und nicht hinschauen, wo es rieb, wo es knarzte. Sollte das alles sein?

Auf einmal meinte ich, meinen Weg glasklar vor mir zu sehen. Wenn Leben nur bedeutete, sich von einem To-do zum nächsten zu hangeln, dann brauchte es eben ein neues Leben. Ich beschloss, noch am selben Tag zu kündigen.

Aus Sorge, dass ich es mir vor dem CEO doch wieder anders überlegen könnte, schrieb ich zunächst das, was ich ihm mitteilen wollte, auf einen Zettel. Formulierte meine Dankbarkeit für das Vertrauen, das mir seitens der Agentur in den letzten Jahren entgegengebracht worden war. Zählte auf, was man mir alles ermöglicht hatte, wie viel ich hatte lernen dürfen. Legte dar, wie stolz es mich machte, über so einen langen Zeitraum ein Teil von *Nitrogold* gewesen zu sein. Beschrieb meine Hoffnung, in Kontakt zu bleiben.

Und wenn du damit auf die Fresse fliegst, sagte ich mir, dann hast du es dir wenigstens selber so ausgesucht.

Der CEO war nicht im Büro, aber sein Assistent hatte noch einen freien Slot für mich, zu dem ich ihn anrufen konnte. Ich reservierte einen Meetingraum, zog mich zurück, legte den Zettel vor mir auf den Tisch, atmete tief durch, wählte die Nummer und versuchte am Hörer nicht so zu klingen, als würde ich meine Kündigung Zeile für Zeile ablesen. Als ich es hinter mich gebracht hatte, folgte eine lange Pause, in der ich nur sein Atmen hören konnte.

»Aber Jacob«, hob er sanft an, »du weißt doch, dass wir dich bereits fest im Management eingeplant haben. Zwei, drei Jahre noch – at most. Wo glaubst du, kannst du sonst so schnell aufsteigen? Bei allem jugendlichen Übermut, da muss man auch realistisch bleiben.« Ich zwang mich, nicht darauf anzuspringen.

»Du bist eine feste Größe für uns«, fuhr er fort, »wir wissen um deinen Value. Der dir ja auch schön vergütet wird, das darf man ja auch nicht vergessen.

Wenn dein Team so weitermacht und die Performance stimmt, kannst du dich auf einen stolzen Bonus einstellen. Oder du verzichtest darauf, okay, das ist deine Entscheidung. Aber ehrlich, es macht doch gar keinen Sinn, jetzt zu kündigen, das muss doch auch dir klar sein.«

Vorgefertigte Antworten standen bereits auf meinem Zettel, ich war ja lange genug dabei, um sein Vorgehen antizipieren zu können. »Für einen reibungslosen Übergang in meiner dreimonatigen Kündigungsfrist werde ich Sorge tragen«, las ich ab, »da kannst du dich auf mich ver…«. »Und unser Miteinander«, unterbrach er mich, jetzt weniger angriffslustig, eher traurig-flehend, »unsere Agenturfamilie? Die lässt du mit so einer überstürzten Entscheidung einfach im Stich? Das wird für die Kollegen ein Schlag sein, den sie erst mal verdauen müssen.« So überstürzt sei die Entscheidung gar nicht, wand ich mich, der Gedanke sei seit dem Pitch gereift.

»Jacob, I get it. Nein, wirklich, ich kann das gut nachspüren. Von einer Führungskraft wünsche ich mir genau diesen Ehrgeiz, immer Erster sein, immer gewinnen zu wollen. Aber du musst das in einen größeren Kontext setzen, da fehlen dir halt ein paar Jahre Erfahrung.« Kunstpause. »Überleg mal, was wir in dich investiert haben, seitdem du bei uns bist, was wir immer noch investieren. Sicher fünfstellig.«

»Nicht, dass es mir um Geld geht, that's not the point. Es geht um den Vertrauensvorschuss, den wir leisten. Auch das ist Achtsamkeit: Empathie anderen Menschen gegenüber. Da erwarte ich mir in deiner Position, dass du ein Bewusstsein dafür entwickelst, das bist du uns schuldig.«

Ich hörte, wie er atmete, schwitzte, spürte ein Drücken im Bauch, sagte aber nichts. »Du meinst das wirklich ernst, oder?«, fragte er schließlich. Ja, das meinte ich – warum auch immer. Mit meinen über die Jahre angesammelten Urlaubstagen hätte ich mir ohne Probleme eine Auszeit nehmen und alles noch einmal in Ruhe überdenken können. Hätte wegfahren können mit dem beruhigenden Wissen, in ein gemachtes Nest zurückzukehren. Hätte den nächsten Pitch übernommen. Hätte ihn vielleicht gewonnen. Hätte die Bank vergessen. Und wäre ins Management aufgerückt. Aber nein, ich hatte ja an diesem Morgen eine Entscheidung getroffen. Und meinte, diese jetzt um jeden Preis durchziehen zu müssen.

8 |

Kurz nach der Kündigung traf ich meinen Vater in einem Restaurant. Seine Wangenknochen traten leicht hervor und das karierte Hemd, das er sich in die Jeans gestopft hatte, wellte sich, als er saß. Er hatte immer noch recht dichtes – wenn auch zunehmend graues – Haar. Lachfältchen um seine Augen erinnerten an seine alten spitzbübischen Züge. Mittlerweile traten seine Tränensäcke deutlicher hervor, färbten sich bläulich und seine Lider hingen ein wenig über die Augen. Blickkontakt hielten wir selten lange aus.

Am Tag der Beerdigung meiner Mutter hatte ich ihm, gerade acht Jahre alt, mit Wucht gegen das Schienbein getreten. Was der Auslöser gewesen war, weiß ich nicht mehr. Wahrscheinlich war es meine Art, ihm zu sagen, dass ich mehr Aufmerksamkeit brauchte. Er hatte selber schwer mit der Trauer zu kämpfen, da kam ich häufig zu kurz. Ich fand das unfair, fand, er werde seinem Job als Vater nicht gerecht, erwartete, dass er mich aufrichtete. Aber als ich ihn damals sah, wie er sich das Schienbein hielt mit schmerzverzerrtem Gesicht, tat mir das so leid, dass es sich einbrannte.

Dazu der Schrecken über meinen Wutausbruch, ich stand mitten unter den Trauergästen und heulte

Rotz und Wasser, scheue Blicke von allen Seiten. Bis mich meine Großmutter packte, weg von der Trauergemeinde zog, weg von allem, und mich hinter der Kirche, wo wir alleine waren, in die Arme schloss.

Ich hatte noch versucht, sie von mir wegzustoßen, so entschlossen war ich, bloß niemanden an mich heranzulassen, doch sie duldete es nicht, drückte mich fest an ihren Busen, ganz fest, sodass ich meinen Widerstand endlich aufgab.

Welche Erinnerungen mochten meinem Vater zufliegen, wenn er mich ansah, überlegte ich, als wir einander gegenüber saßen. Fiel ihm die Müdigkeit auf, die sich in meinem Gesicht abzeichnete? Der richtige Moment, ihm derlei Fragen zu stellen, schien nie zu kommen.

Vielleicht gibt es Konflikte, dachte ich, denen man nicht mit einem Hurra begegnen durfte, weil die Gefühlswelt zu fragil ist, um sie auszutragen. Wer weiß, was sie noch aufwühlen würden. Vielleicht musste einfach noch mehr Zeit vergehen. Oder ich unterlag einer Selbsttäuschung, und mir fehlte schlicht der Mumm anzusprechen, was zwischen uns stand.

Wir saßen in einem Restaurant, in das ich mich niemals verirrt hätte. Dass ihn ein Termin zu mir in die Stadt führte, hatte er am Telefon nur ganz beiläufig erwähnt. Erst als ich vorschlug, dass wir uns treffen – ich könnte mich für eine Stunde von der Arbeit wegstehlen – meinte er, das sei eigentlich auch seine Idee gewesen, er kenne nämlich ein Restaurant, in dem er früher einmal eine sehr gute Lasagne gegessen habe.

Es besaß einen Holzofen, in dem Feuer loderte und Pizzen buken. Der Raum hatte gelbbeige Wände, samtgrün bezogene Holzstühle und ausgefranste Blümchen-Tischdecken. »Ah ja«, bemerkte mein Vater nur, während er die Karte studierte, die seitenweise Gerichte auflistete. Ich bestellte eine Spinatpizza, er seine Lasagne.

Wir aßen, ohne viel zu reden. Von meiner Kündigung hatte ich bereits am Telefon erzählt und bei ihm gab es selten große Neuigkeiten. Bevor meine Mutter an Krebs starb, waren wir häufig verreist, meistens mit unserem Kleinwagen in die Nachbarländer. Ich kann mich noch gut an die langen Fahrten erinnern, an den vollgestopften Kofferraum, an meine alten Hörspiele und an die klare Sternennacht in Dänemark, in der wir nach unserer Ankunft am Strand schliefen. Oder an das kroatische Fischerdörfchen, wo ich mit meiner Handangel eine Brasse im Meer fing, aus der meine Eltern eine Suppe kochten, während ihr Lachen in der Küche unseres Apartments widerhallte.

Als mein Vater und ich alleine waren, verbrachte ich meine Ferien hauptsächlich auf dem Land bei Großmutter, während er sich zurückzog. Schließlich verließ er die Kanzlei, die er mit zwei

Mitstreitern aufgebaut hatte, wechselte in den öffentlichen Dienst.

Seither arbeitete er im Ministerium für Wohnen und Verkehr. Es ging um Baurecht, aber wie sein täglicher Arbeitsablauf konkret aussah, konnte ich nur schwer nachvollziehen. In meinen Ohren klang es immer, als würde er wochenlang nur mit der Beantwortung einer E-Mail beschäftigt sein.

»Also, wie geht's jetzt weiter bei dir?«, fragte er endlich, als der Kellner unseren Espresso brachte. »Keine Ahnung«, erwiderte ich, »hab keinen Masterplan. Wird sich ergeben, bin ja noch ein paar Monate angestellt. Wahrscheinlich muss ich einfach mal mit ein paar Leuten reden – oder doch noch Lehrer werden.« Schon während ich es aussprach, wurde mir der Gedanke unmöglich. Es klang dann auch mehr wie ein Witz als eine Alternative, die ich tatsächlich in Betracht zog.

»Ich weiß ja nicht, wie das bei Lehrern ist«, schloss mein Vater an, während die alte Spitzbübigkeit um seine Augen wieder aufblitzte, »aber alleine das Kantinenessen sollte Grund genug für die Beamtenlaufbahn sein, immer wieder Höhepunkt des Tages.« – »So wie deine Lasagne?« – »Genau«, grinste er.

»Die haben am Wochenende wieder einen Scheiß zusammengespielt«, so kündigte sich das Ende aller unserer Gespräche an. Über den Lieblingsverein konnten wir uns zwar nicht einig werden, aber über die deftige Niederlage, die der ewige Ligaprimus im letzten Auswärtsspiel überraschend hatte hinnehmen müssen, freuten wir uns gleichermaßen.

Wir verließen das Restaurant in einer freundlichen Stimmung. Doch nach der Umarmung, mit der wir uns voneinander verabschiedeten, blieb wie immer ein Gefühl des Ungesagten zurück.

Während ich seit der Aussprache meiner Kündigung in nahezu gelöster Stimmung durch die Agentur tänzelte, nahm mein Team die Nachricht mit Unverständnis auf. Vor allem der Umstand, dass ich nicht wie vermutet auf die Unternehmensseite wechselte, sondern keine Auskunft geben konnte, wie es bei mir weiterging, führte zu Misstrauen.

Obwohl ich seit dem Pitch mein Arbeitspensum verringert hatte, glaubte man nach wie vor, ich sei vor allem ein Workaholic, der im Agenturleben aufging – das ließ sich kaum mit meinem Vorhaben in Einklang bringen, jetzt alles auf mich zukommen zu lassen. Bald ging das Gerücht um, ich hätte in Wirklichkeit einen Vertrag bei einem Konzern unterschrieben, aber Stillschweigen darüber vereinbart.

Nur Ajda schien sich an den Spekulationen nicht zu beteiligen, hakte auch nicht weiter nach, sondern wünschte mir nur alles Gute für die Zukunft. Den verschwörerischen Blick, den sie mir dabei zuwarf, wusste ich erst einen Monat später zu deuten, da kündigte auch sie.

In unserem letzten Mitarbeitergespräch berichtete sie mir, dass sie begonnen habe, einen Roman zu schreiben. »Einen Verlag suche ich noch, keine Ahnung, ob die Geschichte irgendwen interessiert. Klar, dass ich mir damit kaum meinen Lebensunterhalt verdienen kann. Aber ich hab einfach das Gefühl, dass es meinem Leben einen Sinn gibt. Klingt blöd, oder?« – »Nein, überhaupt nicht.«

Sie sah mich lange an, als würde sie herausfinden wollen, ob ich es ernst meine. Eine ihrer Romanfiguren, so gestand sie mit gesenktem Blick, ähnele mir ein wenig. »Und«, fragte ich, »wie geht die Geschichte aus?« – »Hab mich noch nicht entschieden«, lachte sie, »bin aber eigentlich kein Fan von Happy Ends.«

Einen Nachfolger für meine Position fand *Nitrogold* indes ohne Probleme, weil es agenturintern in der Kohorte angehender Führungskräfte, die seit einem Jahr vom Achtsamkeitslehrer auf eine mögliche Beförderung vorbereitet wurde, einen natürlichen Anwärter gab: meinen Projektmanager.

Nicht nur ähnelte er mir erschreckend – schmale Statur, schnittige Frisur, studentische Züge – er war auch so gut eingearbeitet, dass wir den Übergang in wenigen Wochen über die Bühne brachten. Das Bedauern über mein Ausscheiden hielt sich auf Kundenseite daher in Grenzen, zumal man ohnehin daran gewöhnt war, dass in der Agenturwelt hohe Fluktuation herrschte.

Ganz ohne Zweifel lief die Übergabezeit mit meinem Nachfolger allerdings nicht ab. Denn wenn ich ihm so zuschaute, wie er im Team für Lacher sorgte, sich überall ohne Probleme einfügte und die Accounts einen nach dem anderen selber zu führen begann, beschlich mich zum ersten Mal die Sorge, dass ich meine Kündigung noch bereuen könnte.

Derweil sprachen sich die Neuigkeiten in der Branche in Windeseile herum. Es dauerte keine Woche, bis die ersten Agenturen bei mir anklopften. Auch Nicki versuchte sein Glück, bot mir an, doch mal bei ihnen im Büro vorbeizukommen, der Hennings würde sich freuen, mich mal kennenzulernen, »außerdem, hey, die Twins wiedervereint, überleg doch mal, wäre das nichts?«

Einen Tag lang dachte ich darüber nach, dann lehnte ich ab. Zwar durfte ich laut meines Arbeitsvertrags nach drei Monaten zu einem direkten Konkurrenten wechseln. Gegenüber *Nitrogold* wäre mir das aber trotzdem wie Fremdgehen vorgekommen. Außerdem fürchtete ich, dass man einen zweifelhaften Zusammenhang zwischen Pitch, Kündigung und Agenturwechsel konstruieren könnte.

Andere Angebote aber hörte ich mir an, aus Neugier, und weil ich mich durch das Interesse geschmeichelt fühlte. Die Termine verliefen mal gut, mal weniger gut, Angebote und Philosophien unterschieden sich, Stellenbeschreibungen und Aufgabenfelder eher nicht. Nur was würde mir meine

Kündigung bringen, fragte ich mich, wenn sich für mich im Kern nichts änderte? Und was gäbe es nach außen für ein Bild ab, wenn ich karrieretechnisch nicht aufstieg, sondern auf gleicher Ebene von Agentur zu Agentur wechselte?

In meinen letzten Wochen sah man mich häufiger im Büro unseres CEOs verschwinden. Seine anfänglichen Versuche, mich zum Bleiben zu überreden, hatte er aufgegeben, jetzt schien er schlicht den ungezwungenen Austausch zu genießen, den er mit mir führen konnte, weil ich bald nicht mehr zu seinen Angestellten gehörte.

»Es ist doch so«, sagte er einmal, nachdem er neben mir auf seinem Sofa Platz genommen hatte, »Leadership bedeutet einsame Entscheidungen treffen. Dir muss ich das nicht erklären. Wenn ich gerade kein Sales mache, keinen Pitch vor der Nase habe oder auf keiner Konferenz bin, sind nur Feuer zu löschen. Ich will ja gar nicht meckern, everything's fine. Bin absolut mit mir im Reinen. Wirklich, absolut. Verlieren wir halt mal gegen einen Konkurrenten, Peanuts, das Business läuft trotzdem besser denn je.«

»Aber wie es mir bei der ganzen Sache geht, danach fragt niemand. Dazu dieses ständige Unterwegssein, ganz ehrlich, ich kann keine Flugzeuge mehr sehen, keinen Check-in, keinen Tomatensaft. Nein, nein, auf Mitleid kann ich gut verzichten.

Trotzdem, mein Sohn hat sich letztes Jahr vom Weihnachtsmann gewünscht, dass sein Dad endlich mal wieder mit ihm Fußball spielen geht.«

Ein anderes Mal kam er auf seinen alten Schulfreund zu sprechen, erzählte, wie unglücklich die Trennung damals verlaufen sei. Da komme man einfach nicht gegen an, wenn die ersten Millionen auf dem Konto liegen, gegen die Gier, gegen das falsche Machtgefühl. »Money has no soul.« Klar habe er auch Fehler gemacht, kompromissbereiter hätte er sein können, als es um die zukünftige Ausrichtung der Agentur ging. Aber wenigstens reden müsse man doch noch miteinander. »Das kränkt mich am meisten, dass es keine Möglichkeit gibt, wieder aufeinander zuzugehen.« Er wisse ja nicht einmal, wo sein alter Freund gerade stecke.

»Ein wenig erinnerst du mich an ihn. Bei dieser Suche nach Purpose.« Er sah weg. Zitterte sein Kinn? Ich beugte mich nach vorne, da stand er mit einem Ruck auf und setzte sich auf seinen hochgefahrenen Sessel. »By the way, mir ist zu Ohren gekommen, dass du dich in der Branche nach Jobs umsiehst. Sehr schön. Was Betriebsgeheimnisse angeht, ist unsere Vertraulichkeitsvereinbarung ja eindeutig formuliert. Falls trotzdem etwas unklar sein sollte, verbinde ich dich mit unserem Rechtsbeistand. Dein Bonus wird ohnehin einbehalten. Und solltest du auf die Idee kommen, Mitarbeiter mitzunehmen oder abzuwerben, kann ich nur sagen: Man sieht sich immer zweimal im Leben.«

Stella lächelte, während der Wind durch ihre Haare fuhr. An ihrem Nacken schimmerte ein weicher Flaum. Wir spazierten gerade durch den Park, in dem wir zu Studienzeiten häufig Decke und Seminarordner ausgebreitet hatten, um uns gemeinsam auf die anstehenden Prüfungen vorzubereiten. Rundherum jagten aufgedrehte Hunde Bällen hinterher, Kinder weinten und ein paar Jungs warfen sich einen Frisbee zu.

Im hinteren Teil des Parks, versteckt hinter einem Flakturm aus dem Zweiten Weltkrieg, stand eine Buche und davor eine kleine geschützte Bank, auf der wir uns bei einer unserer ersten Verabredungen geküsst hatten. In stillem Einverständnis steuerten wir sie an.

»Ich bin stolz auf dich.« Sie legte den Arm um meine Schulter, zog mich ein Stück zu ihr. »Jetzt bist du frei.« Ich lächelte, und doch konnte ich mich nicht richtig mitfreuen. Seit der offiziellen Verabschiedung an meinem letzten Arbeitstag fühlte ich mich unrund. Zwar blieb mir dank der stolzen Zahl angesammelter Urlaubstage noch über ein Monat in Anstellung, trotzdem schlug das näher rückende Ende schon auf mein Gemüt.

In meiner Aufbruchsstimmung hatte ich alle Agenturangebote ausgeschlagen und wusste jetzt – wer hätte das gedacht – nicht so recht wohin mit mir. Mochte sein, dass mir die Welt offenstand, wie ich es neuerdings von allen Seiten zu hören bekam, mich überforderte der Gedanke nur.

Ich hatte jahrelang so viel Energie in den Job investiert, dass ich überhaupt nicht wusste, was aus mir werden sollte. Vom Enthusiasmus nach meiner Kündigung fehlte jede Spur. Mittlerweile beschäftigte mich ausschließlich, was die Leute von mir denken würden, sollte ich tatsächlich arbeitslos werden.

Mein Erspartes reichte zwar locker, um mehrere Monate zu überbrücken, danach bekam ich Arbeitslosengeld, nur fühlte ich mich dabei wie ein Schmarotzer. Ich schämte mich so sehr, dass ich mir für den Weg zu meinem ersten Termin beim Arbeitsamt eine Kappe aufsetzte und versuchte, mich hinter dem aufgestellten Kragen meines viel zu warmen Herbstmantels zu verbergen, um bei Betreten des Gebäudes unerkannt zu bleiben. Einmal drinnen ließ ich meine Verkleidung im Rucksack verschwinden und richtete auf der Toilette hastig meine Frisur, damit ich bei meinem Berater bloß keinen schlechten Eindruck hinterließ.

»Bei Ihnen ist Marketing gespeichert, soll das so bleiben?«, fragte mich der Mann vom Arbeitsamt, der einen spitzen Bart unter seiner Unterlippe trug. »Na ja«, antwortete ich, »es gäbe auch die Möglichkeit, vielleicht doch noch« – »Marketing also«, unterbrach er mich. Als ich zu protestieren versuchte, unterbrach er sein Tippen, drehte sich auf seinem Schreibtischsessel zu mir, und sah mich das erste und einzige Mal während unseres Gesprächs an. »Haben Sie die Schlange draußen gesehen?

Glauben Sie mir, da sitzen andere, die haben meine Beratung nötiger als Sie.«

Was also tun, viele berufliche Alternativen fielen mir nicht ein. Es hatte sich bald herausgestellt, dass ein Neuanfang auch bedeutete, nicht auf die gewohnten Kontakte zurückgreifen zu können. Suchte ich außerhalb der Agenturwelt nach einem Weg, brachte mich mein Netzwerk kein Stück weiter. Für die Kommilitonen, mit denen ich mich während des Studiums angefreundet hatte, war nur selten Zeit gewesen. Bis auf Stellas Clique und eine Handvoll alter Bekannter aus Schulzeiten, die ich ewig nicht mehr gesprochen hatte, kannte ich außerhalb meiner Blase niemanden mehr.

Letztlich hielt ich es für das Klügste, im Bereich der Digitalen Transformation zu bleiben, die Bewerbungen jedoch hauptsächlich an Non-Profit-Organisationen im sozialen und ökologischen Bereich rauszuschicken. Ich kannte alle Tricks, war aber die Branche leid. Es erschien mir nur logisch, mein Know-how im nächsten Karriere-Schritt für den guten Zweck einzusetzen. Dass man einen Bewerber mit meinen Qualifikationen mit Handkuss nehmen würde, davon war ich fest überzeugt.

Stella und ich erreichten die Bank hinter dem Flakturm. »Also«, begann sie, »was ist jetzt mit Thailand? Um die Unterkünfte können wir uns später kümmern, aber wenn du bald buchst, ist dein Flug vielleicht noch nicht so teuer.« Mit dem Schuh schob ich einen Stein von links nach rechts. Ich hatte gehofft, das Thema so lange hinauszögern zu können, bis es sich von selbst erledigte.

»Keine Ahnung«, antwortete ich. »Keine Ahnung, wann du buchst oder ob du überhaupt mitkommst?« – »Mir wäre es einfach lieber, wenn ich wüsste, wie es bei mir beruflich weitergeht, bevor ich in den Flieger steige und mich für einen Monat in den Urlaub verabschiede.«

»Wahrscheinlich tut dir gerade der Abstand gut.« Ich schoss den Stein weg. »Irgendwie bin ich blockiert. Es ist, als stünde ich auf einem 10-Meter-Brett, bin längst entschlossen zu springen, stehe aber immer noch an der Kante und sehe hinunter.« – »Ganz ehrlich«, lachte Stella, »in der Stimmung kann ich dich im Urlaub sowieso nicht gebrauchen.« Ich lachte auch. »Ich mein's ernst«, Stella sah mich an. »Dieses Selbstmitleid ist auf Dauer kaum zu ertragen.« – »Weiß ich selbst«, versuchte ich locker zu klingen, »aber was soll ich machen? Wie wird man gelassen?«

Stella streichelte mich an der rechten Hand, an dieser Stelle zwischen Daumen und Zeigefinger, die nur sie kannte und sagte lange nichts. »Wie lief dein Gespräch mit Oma?«, wechselte sie schließlich das Thema. »Ich kann jederzeit kommen.« Sie packte mich an der Schulter und schüttelte mich. »Na dann kauf dir ein Bahnticket und los! Oder muss so ein Wochenendtrip genauso gründlich abgewogen werden? Wenn du willst, schreib ich dir eine Entschuldigung fürs Arbeitsamt.« – »Nicht witzig. Magst du mitkommen?« – »Fahr du mal. Ihr habt ja einiges aufzuholen.«

9 |

Das alte Bauernhaus, in dem meine Großmutter wohnte, befand sich in einem 40-Seelen-Dorf, rund zehn Kilometer von dem nächsten größeren Ort, schnellem Internet und einer S-Bahn Haltestelle entfernt. Das Dorf lag inmitten einer Seenlandschaft, die kleine Waldstücke und Moorgebiete durchzogen. Es war nur über eine baufällige Straße erreichbar, die in einer langen Linkskurve hindurchführte, und dann in einer Sackgasse endete. Die Schlaglöcher im Asphalt hatte man nur behelfsmäßig mit Kieselsteinen ausgebessert, und wenn sich Fremde einmal von ihren Navigationsgeräten fehlleiten ließen, konnte man sehen, wie sie ihre Lenkräder hektisch nach links und rechts drehten, um den Unterboden ihrer Autos nicht zu beschädigen.

Die Familie meiner Mutter hatte sich vor rund hundert Jahren an diesem Ort angesiedelt, ehemals gehörten neben dem kleinen Bauernhaus, das auf den Dorfteich schaute, auch noch Stall und Scheune zum Grundstück. Auf einem alten Foto in der Küche war zu sehen, wie mein Urgroßvater seine Mitgift für die Hochzeit einbrachte; die eine Hand beruhigend auf dem Kalb, die andere mit gespreizten

Fingern an den eigenen Körper gepresst. Stoisch sah er in die Kamera, während sich in seinen Gesichtszügen ein Widerwillen spiegelte, als halte er Fotografie grundsätzlich für faulen Zauber, für den es sich nicht lohnte, die Arbeit zu unterbrechen.

Er sei kein Mann vieler Worte gewesen, erinnerte sich meine Großmutter. Die Spielzeugtiere allerdings, die er ihr aus Holz geschnitzt hatte, zu jedem Geburtstag eines, hüten bis heute die Fensterbank ihres Schlafzimmers. »Meine Herde«, sagte sie immer.

Urgroßvater kam bei Arbeiten in einer Schottergrube ums Leben, kurz vor Ausbruch des Zweiten Weltkriegs. Es gab Gerüchte, er sei absichtlich abgestürzt, doch seine Kameraden schwiegen dazu. Auch hinterließ er keine Nachricht, die darauf hindeutete. Großmutter, damals noch keine 18 Jahre alt, musste sich alleine um Hof und ihre trauernde Mutter kümmern.

Zwar zogen die Kriegsjahre am Dorf vorbei, ohne Zerstörung zu hinterlassen, dafür brach wenige Jahre nach Kriegsende das Dach des Stalls unter den Schneelasten eines kalten Winters zusammen. Es erschlug die Mitgift und mit ihr die meisten anderen Kühe. Seither verfiel auch die Scheune von Jahrzehnt zu Jahrzehnt und die Schindeln auf dem Haus bröckelten oder brachen. Nach dem Tod ihres Mannes, einem Bauern aus dem Nachbardorf, war Großmutter trotz zahlreicher Avancen stets alleine geblieben. »Die ist eben mit dem Wald verheiratet«, murrten die Junggesellen im Dorf. Statt sich auf den Feuerwehrfesten blicken zu lassen und am sozialen Leben teilzunehmen, sah man sie nur bei Tagesanbruch mit Wanderstock und einem Bastkorb im Gehölz verschwinden und erst spät am Abend mit vielen Pilzen zurückkehren.

Hinter vorgehaltener Hand wurde über sie gelästert, es hieß, sie habe die Krankheit der Melancholie von ihrem Vater geerbt, anders lasse sich ihr eigenbrötlerisches Verhalten nicht erklären.

Großmutter mochte als verschrobene Außenseiterin gelten, trotzdem hatte ihr Wort im Dorf Gewicht. Man fragte sie, als ein neuer Brunnen gebohrt werden musste und es der zuständigen Firma zweimal in Folge nicht gelang, die Grundwasserader zu erreichen. Schon ging die Sorge um, neue und noch teurere Gerätschaften aus der Stadt anfordern zu müssen, mit denen man in tiefere Erdschichten hätte vordringen können. Da gab Großmutter den Tipp, man solle es auf der Wiese versuchen, zwischen Dorf- und Waldrand, knapp vor dem Hügel, und siehe da, es funktionierte.

Für ihre 92 Jahre war sie erstaunlich fit, vor allem im Kopf, bloß der Ischias machte ihr zu schaffen. Sie ging nur noch selten vor die Tür. Der Garten, den sie jahrzehntelang gepflegt hatte, wucherte zu. Spatzen, Meisen und Grünfinken bevölkerten die Büsche, die bis an die Hauswände heran- oder hinaufwuchsen, und im Giebel der Scheune nistete eine Eulenfamilie.

Meine Eltern hatten sich bei einem der Osterfeuer im nächstgrößeren Dorf kennengelernt. Vater besuchte gerade einen Freund in der Gegend, den er aus der Bundeswehrzeit kannte, da stand sie vor ihm; drei Jahre älter als er, mit langen, zotteligen blonden Haaren und stolzem Kinn.

Sie wechselten keine Worte an diesem Abend. Dafür suchte mein Vater am nächsten Tag den Hof auf, bot an, bei der Arbeit mitzuhelfen, und brachte meiner Mutter kleine Geschenke, um sie schließlich, vier Tage später, als sein Urlaub endete, geradeaus zu fragen, ob sie nicht in die Stadt ziehen wolle. Doch auch wenn sie ihn Morgen für Morgen mit einem Lächeln empfing und ihre Zuneigung für ihn nicht verhehlte: Sie wollte nicht.

Erst eineinhalb Jahre später vertraute sie ihm an, dass man ihr schon als Kind einen Tumor entfernt hatte und niemand ausschließen konnte, dass der Krebs irgendwann wieder ausbrechen würde. Doch mein Vater, der sich von ihrer ersten Zurückweisung nicht hatte entmutigen lassen und regelmäßig den Hof besuchte, um sie wiederzusehen, stand auch nach dieser Nachricht zu ihr.

»Recht hübsch sah er damals aus«, erzählte mir meine Großmutter einmal, »dir sehr ähnlich, mit kastanienbraunem lockigem Haar und feinen Gesichtszügen. Vor allem aber besaß er noch diesen kindlichen Optimismus, diese Überzeugung, dass alles schon irgendwann gut werde. Damit hat er deine Mutter angesteckt.«

Die Hochzeit fand in der kleinen Kirche im Nachbardorf statt, keine hundert Meter entfernt vom Dorfplatz, auf dem sich die beiden zum ersten Mal begegnet waren. Gefolgt von einer langen Kette aus Hochzeitsgästen zog das Brautpaar zum Hof, wo ein Fest stattfand, an das sich die Ortsansässigen lange erinnerten; einige besonders feierwütige Dorfbewohner hätten bis zum Frühstück durchgemacht, hieß es, während der alte Bürgermeister vor Freude und unter lauten Anfeuerungsrufen mit einer beachtlichen Arschbombe in den Dorfteich gesprungen sei.

Nach der Hochzeit bezogen meine Eltern eine Einzimmerwohnung in der Stadt. Mein Vater, der Einzige unter fünf Geschwistern, der studierte, schloss gerade sein Staatsexamen ab, führte allerlei Hilfsarbeiten aus und versuchte gleichzeitig, eine Anstellung in einer Kanzlei zu bekommen, während meine Mutter alles Ersparte zusammenkratzte, um Ablöse und Einrichtung für die Geschäftsfläche bezahlen zu können, in der sie ihren eigenen Blumenladen eröffnen wollte. Denn von ihrem Mann abhängig oder ausschließlich Hausfrau sein, wollte sie auf keinen Fall. Nur unter dieser Bedingung folgte sie meinem Vater in die Stadt.

Mit dem Wunsch, ein Kind zu bekommen, hatten die beiden eigentlich abgeschlossen. Ärzte schätzten die Chancen gering ein und meine Mutter begleitete bei dem Gedanken ohnehin eine gewisse Sorge – die laut Großmutter allerdings sehr schnell großer Freude wich. Bei der Geburt gab es Komplikationen, weil ich mich verdreht hatte, also ein Sternengucker-Baby war und drohte, keine Luft mehr zu bekommen. Die Ärzte mussten mich mit einem Notkaiserschnitt holen.

Die ersten Monate lag ich großteils eingewickelt in eine Decke in meinem Kinderwagen, der in einem kleinen und mit Pflanzen vollgestellten Raum hinter der Kasse des Blumenladens stand. Wenn ich mich bemerkbar machte, zog sich meine Mutter zum Stillen zurück und die Aushilfe, die aufpasste oder mich ab und an spazieren fuhr, übernahm den Verkauf.

Das Geschäft konnte bald auf eine Stammkundschaft zählen und mein Vater begann, zusammen mit einem Studienkollegen und ihrem gemeinsamen Mentor eine eigene Kanzlei aufzubauen. Bald zogen wir in eine größere Wohnung, reisten, ich kam in den Kindergarten, in die Schule – dann entdeckte man bei einer Routinekontrolle meiner Mutter, dass der Krebs zurückgekehrt war.

Sie verlor Haare, wurde spindeldürr, erbrach häufig. Und doch gab es Phasen, da fühlte es sich für mich an, als sei alles wie immer. Wenn ich dann von der Schule kam, machte sie häufig den Laden zu und ich hatte sie ganz für mich alleine. Wir aßen gemeinsam zu Mittag – meistens Kartoffeln mit Quark oder Spinat mit Ei – und sie half mir bei den Hausaufgaben.

Wenn ich fertig war, gingen wir zurück in den Laden, saßen im Hinterzimmer, blätterten mein

Stickerheft durch, malten Bilder mit Wachsmalstiften oder sie half mir bei den Hausaufgaben. Wochen, die sich wie eine Ewigkeit anfühlten. Ich erinnere mich, dass ich sie einmal fragte, wann wir wieder zur Oma fahren würden, um durch den Wald zu wandern. »Bald«, antwortete sie, »bald Jacob.«

Als sie wieder ins Krankenhaus musste, begannen meine Albträume. Schattenfiguren verfolgten mich, Nacht für Nacht, dauernd war ich auf der Flucht, bis um mich herum alles selber Schatten wurde und ich schweißgebadet aufwachte. Schluchzend lag ich im Bett, hatte Angst, wieder einzuschlafen. Mein Vater war überfordert, schlief selber wenig und meinte nur, ich solle mich wieder hinlegen, das werde schon wieder. Morgens machte er mir mein Schulbrot, dann sah ich ihn bis zum späten Abend nicht mehr. Die meiste Zeit verbrachte er im Krankenhaus, manchmal roch er nach Alkohol.

So ging das einige Wochen, dann zog Großmutter bei uns ein. Als Mutter schließlich starb, nahm sie mich mit aufs Land. Es wurde beschlossen, dass ich ein Jahr lang nicht zur Schule gehen musste, damit ich mich erholen konnte.

Derweil fand mein Vater in der Kanzlei keinen Anschluss mehr. Ihm fehlte der Antrieb, zur Arbeit zu gehen, er verwahrloste zunehmends. Da wir auch den Blumenladen schließen mussten, wurde bald das Geld knapp. Die Bank hätte uns einen Kredit gewährt, doch Großmutter sprach ein Machtwort. »Unsere Familie macht keine Schulden«, sagte sie.

Um uns auf die Beine zu helfen, verkaufte sie das alte Bauernhaus an die Nachbarn, die ihr Wohnrecht auf Lebenszeit einräumten und sich verpflichteten, die Bausubstanz instand zu halten. Vater bekam Zeit, sich zu fangen. Dann fand er die Anstellung bei der Stadt.

Bis zur Anstellung in der Agentur hatte ich Großmutter regelmäßig auf dem Land besucht, danach telefonierten wir noch alle paar Wochen – bis ich in Überstunden versank. Sie war auf meiner To-do-Liste gelandet, wo sie Woche für Woche aufs Neue nach unten rutschte. Zweimal hatte ich sie weggedrückt, zuletzt am Tag vor dem Pitch. Danach verhinderte das schlechte Gewissen meinen Rückruf. Sie war neben Stella die Einzige, die von meinem Krankenhausaufenthalt wusste.

»Wird aber auch Zeit«, freute sie sich am Telefon, als ich meine Reise ankündigte. Mein Angebot, der Einfachheit halber mit dem Leihwagen zu kommen, wies sie hingegen schroff ab. »Quatsch, du fährst gefälligst mit der Bahn, wie immer, und ich hol dich dann vom Bahnhof ab. Ich lass mir doch das Autofahren nicht verbieten. Wenn meine Augen gar nicht mehr wollen, dann können wir mal darüber reden, oder wenn ich tüttelig werde, aber das wird noch ein paar Jährchen dauern, nicht?«

Dass mir eine Auszeit guttun würde, daran zweifelte ich nicht. Ich sehnte mich nach Ruhe und freute mich darauf, wenigstens für ein Wochenende mal rauszukommen. Dennoch spürte ich den Druck, bald in die Stadt zurückkehren zu müssen, um meine Jobsuche voranzutreiben.

Nicht einmal von jenen Stellen, für die ich mich eigentlich überqualifiziert hielt, hatte ich bis dahin eine Rückmeldung erhalten. Wenn ich auf keinen Fall zurück in die Agenturwelt wollte, mich die Non-Profits aber ablehnten – was dann? Ich rechnete bereits damit, das nächstbeste Angebot annehmen zu müssen, um mich dann während der Probezeit neu zu bewerben, doch ohne ein einziges Angebot drohte auch dieser Plan nicht aufzugehen.

Ohne die tägliche Arbeit und den Austausch mit den Kollegen wuchsen die Selbstzweifel. Was war ich wert ohne Job? Vielleicht funktionierte ich nur innerhalb der Agenturfamilie, nicht aber auf dem Arbeitsmarkt. Was mich rund vier Monate zuvor eigentlich zur Kündigung bewogen hatte, konnte ich schon nicht mehr nachvollziehen. Es fühlte sich an, als wäre ich kurz vor Erreichen des Ziels von der Autobahn abgefahren, ohne die Auffahrt zurückzufinden.

Wenn ich meinen Antrieb nicht mehr daraus ziehen wollte, beruflich erfolgreich zu sein, Unternehmen zu digitalisieren und Pitches zu gewinnen, woraus, fragte ich mich, sollte ich ihn dann ziehen?

Ich stand am Gleis und hoffte, dass mir der Trip aufs Land helfen würde, klarer zu sehen. Dann fiel mein Zug aus.

Der nächste war überfüllt. Und der Anschluss wartete nicht. Ich gab Großmutter Bescheid, dass ich statt um 18 etwa gegen 21 Uhr ankomme, und ärgerte mich.

Als wir endlich den Bahnsteig anfuhren, der nicht einmal eine Digitalanzeige besaß, sondern nur einen hinter verschmiertem Plexiglas vergilbenden Fahrplan, als ich ausstieg und die frische Luft einsog, als ich sah, wie Großmutter ganz alleine, krumm und gestützt auf ihren Wanderstock am Gleis stand, mit ihren wehenden weißen Haaren und einem türkisgrünen Seidentuch um den Hals – da verspürte ich eine kindliche und natürlich auch dumme Sehnsucht, aus allen Zwängen auszubrechen und ein großes Abenteuer zu erleben.

10 |

Motorengeräusche rissen mich aus dem Halbschlaf, die Trecker fuhren aufs Feld. Durch das Fenster, das ich über Nacht gekippt hatte, fielen die ersten Sonnenstrahlen. Der Vorhang, der sich wie ein Segel blähte, touchierte den Holzboden und der Geruch von Gülle zog herein. Halb fünf zeigte die Wanduhr an. Wieder keine Träume, dachte ich.

Der Eichenschrank warf Schatten an die Wand, vor denen ich mich schon als Kind gegruselt hatte. Ihnen stellte sich auf dem Nachttisch ein von Urgroßvater geschnitzter Hirsch entgegen. Immer wenn ich zu Besuch kam, trennte ihn Großmutter von seiner Herde, »damit er deine Träume beschützt«, wie sie sagte. Sein an einer Stelle angeklebtes Geweih entsprang mehr Gesicht als Kopf und stach mehr zur Seite weg als nach oben. Mit ein bisschen Fantasie hätte man die Figur auch für einen Drachen oder einen Wels halten können. Aber das hatte mich damals nicht gestört, also störte es mich auch heute nicht.

Im Regal stapelten sich Märchenbücher und meine alten Comics, daneben saß eine fette Spinne und hoffte auf Beute.

Mit guten Erfolgschancen, an Fliegen mangelte es nicht. An den Wänden hingen kitschige

Landschaftsbilder in Öl, Schwarz-Weiß-Fotos von Familienangehörigen, die ich großteils nicht zuordnen konnte, und ein Bild von meiner Mutter und mir, wie wir auf einem Baumstamm im Wald saßen und beide einen Punkt in der Ferne fixierten. Das schmale Zimmer war ihr Kinderzimmer gewesen. In dem Bauernbett, in dem ich lag, hatte schon sie geschlafen.

Ich schälte mich aus der Decke, machte ein paar Schritte über den kalten Holzboden, schob den Vorhang ein Stück zur Seite und sah hinaus. Die Efeuranken hatte Großmutter extra für meinen Besuch von einem Gärtner zurechtstutzen lassen, damit sie mir einen unverstellten Blick nach draußen gewährten. Mit dem Nachteil, dass sie den neugierigen Dörflern nun auch einen unverstellten Blick hinein erlaubten.

An den verwilderten Garten grenzte die kaputte Straße, dahinter lag unter den Kronen zweier Kastanien der Dorfteich, den die Rentner in der Nachbarschaft immer noch Feuerlöschteich nannten, obwohl es der freiwilligen Feuerwehr seit Jahren an einsatzfähigen Mitgliedern fehlte.

Die Wasseroberfläche war bis ans Ufer von Wasserlinsen bedeckt. Nur links, dort wo der Teich in den schmalen Bach lief, der über Umwege in den Wald führte, lösten sich Teile des grünen Teppichs, verschwanden peu à peu mit dem Strom und gaben die Sicht auf das Unterwasserleben frei. Im Sommer saß normalerweise der Eisvogel auf einem Ast, der leicht über das Wasser ragte, um nach Stichlingen zu spähen. Wahrscheinlich hatten ihn die Motorengeräusche verscheucht.

Ich legte mich wieder ins Bett. Früher klebten phosphoreszierende Sterne an der Decke, jetzt löste sich die Tapete von der Wand. Ich fragte mich, ob die Nachbarn drüber tapezieren würden, wenn Großmutter einmal nicht mehr wäre – oder ob sie das Haus gleich ganz abrissen. Eigentlich gäbe es dann für mich keinen Grund mehr, ins Dorf zurückzukehren, dachte ich. Dann schlief ich wieder ein.

»Sicher hast du geträumt. Man träumt immer. Kannst dich nur nicht mehr erinnern.« Großmutter saß am Küchentisch, auf ihrem Bankplatz am Fenster, und rührte den Honig im Tee um. Sie hatte abgenommen, ihre einst bäuerlich-kräftige Statur konnte man nur erahnen – aber die alte Energie, die sich in ihren hellgrauen Augen konzentrierte, flammte immer noch auf, wenn sie sprach.

Sie trug ein weißes, mit dem Markenlogo einer Drogeriekette bedrucktes T-Shirt, eine blaue Leinenhose und hatte ihre Haare mit einem Haargummi zusammengebunden. Donati, ihr Kater mit schwarzem Fell und gelben Augen, saß wie immer auf ihrem Schoß. Trotz meiner Proteste am Vorabend hatte sie das Frühstück ohne meine Hilfe vorbereitet, ein weichgekochtes Ei, Brot, Wurst,

Käse und einen mit Salz und Pfeffer gewürzten Berg aus Tomaten, Gurken, Schnittlauch und krauser Petersilie. Nicht mehr aus dem Garten, gab sie zu, Hühner und Gewächshaus würden ihr mittlerweile zu viel Arbeit machen. Lieber fahre sie einmal die Woche mit dem Auto in den Supermarkt, das falle ihr leichter.

»Nein, wirklich«, antwortete ich, »da war nichts, wochenlang. Zumindest nicht in der Nacht.« Sie warf mir einen komplizenhaften Blick zu. »Tagsüber schon?« Sie grinste. »Du sollst doch nicht ständig aus dem Fenster schauen, das hat schon dein Klassenlehrer immer gesagt, Herr Schnittlauch.« – »Sierau. Der mich mit seinem Schlüsselbund beworfen hat.« »Ahja.« Großmutter machte ein zufriedenes Gesicht. Sie hatte meinen Vater ab und zu bei den Elternabenden vertreten – und Herr Sierau, wie ich damals zu meiner Bestürzung feststellen musste, verwandelte sich in ihrem Beisein in einen freundlichen Menschen.

Ich hoffte umsonst, sie würde von selbst auf die Träume zurückkommen. Über den Tag des Pitches zu reden, machte mich verlegen. Aus der Distanz kam mir die ganze Geschichte noch kindischer vor. Dennoch drängte es mich, ihr davon zu erzählen. Sie hörte mit ernstem Gesicht zu und fragte nicht, ob ich wirklich in die Kanalisation hinuntergeklettert war oder ob es sich bei dem Waldzimmer nur um Einbildung gehandelt hatte. Dafür amüsierte sie sich köstlich, als ich von der Dame mit dem

Hosenanzug erzählte. »Kluge Frau«, fand sie. Danach sagte sie lange nichts.

Ich goss mir Tee nach und wartete. Während ich durch das Küchenfenster Alexander, den Nachbarssohn, beobachtete, wie er mit seinem Schäferhund am Haus vorbeischlenderte, einen Moment auf der Höhe des Kinderzimmers anhielt, einen Blick hinüberwarf und dann so tat, als wäre es der Hund gewesen, der ihn zum Stehenbleiben gezwungen hätte. Er trug einen Kapuzenpullover, auf dem in Großbuchstaben »Alpha« stand und hatte die Haare an den Seiten abrasiert. Nach einem Zug an seiner elektronischen Zigarette verschwand er im Dampf. Früher waren wir die einzigen Kinder im Dorf, er, Anna und ich, man bekam uns nur im Dreierpack.

»Damals, in deinem schulfreien Jahr, als ich dich von deinem Vater abgeholt habe, da sind es auch die Träume gewesen, die dich hergeführt haben, nicht? An deinem Bett bleiben musste ich, bis du eingeschlafen bist, jeden Abend. In der Nacht kamen deine schlimmen Träume, dann standst du bei mir im Schlafzimmer. Oma, hast du mich gefragt, was ist, wenn im Weltall ein Riese wohnt, der die Erde zwischen seinen Fingern zerquetscht? Erinnerst du dich? Hast halt bei mir im Bett geschlafen. Musste unser Geheimnis bleiben. Lange ging das so, Wochen. Bis zu dem Tag, an dem du verschwunden bist.«

»Kann mich nicht erinnern«, sagte ich. »An gar nichts?« Ich schüttelte mit dem Kopf, wenn ich in diesem Moment auch meinte, den Zipfel einer Erinnerung erwischen zu können. »Vielleicht, wenn du weitererzählst«, bat ich sie.

»Kurz nach der Beerdigung muss das gewesen sein. Dein Vater war schon abgereist, weil er es hier nicht mehr aushielt. Ich wollte uns zum Abendessen gerade eine Hühnersuppe kochen, mit Reis, so wie du sie magst. Hast geholfen, Zwiebeln geschnibbelt, Karotten geschält und Rosenkohl geritzt, ganz still am Küchentisch, genau da, wo du jetzt auch sitzt, doch dann bist du plötzlich hoch und weg, ohne etwas zu sagen. Ich dachte, du wolltest noch kurz einmal raus, zum Teich oder rüber zur Anna. Also hab ich mir nichts weiter gedacht.«

Großmutter rührte ihren Tee um, ganz langsam, der Löffel kreiste die Tassenwand entlang. »Als draußen schon die Sonne unterging, bin ich sicherheitshalber hoch und rüber zu der Anna, aber keine Spur vom Jacob, nicht bei der Weide, nicht in der Scheune, also weiter, überall geklingelt, alle nach dir gefragt – eine Aufregung war das, furchtbar.«

»Die ganze Nacht lang haben wir dich gesucht. Aber was für eine Nacht; Sturm ging und geregnet hat's wie aus Kübeln. Wolkenverhangener Himmel, keine Sterne, kein Mond. Komm, hab ich versucht, mich zu beruhigen, mach dir keine Sorgen. Der Jacob lässt sich nicht so leicht unterkriegen, der taucht schon wieder auf.«

»Stimmte ja auch. Am nächsten Morgen lagst du einfach hier im Bett, hast mich nur angeschaut, mit deinen großen grünen Kinderaugen, wie ich den Hirsch in der Hand halte. ›Mensch Jacob, wo warst du denn?‹ Keine Antwort – du wusstest nicht, was ich meine, als wärst du gar nicht weg gewesen, als hättest du immer in deinem Bett gelegen.«

»Manche Dinge spricht man besser nicht aus.« Sie schmunzelte und führte die Tasse mit beiden Händen zum Mund. »Aber deine Albträume, mit denen war es danach vorbei. Von heute auf morgen, vorbei. Gefreut hast du dich fortan, wenn Bettzeit war. Als könntest du es kaum erwarten, wieder einzuschlafen.«

Großmutter stand auf, um mir Brot abzuschneiden, obwohl noch zwei dicke Scheiben vor mir lagen. Als sie sich wieder setzte, knacksten ihre Knochen. »Ach«, stöhnte sie, »Jacob, eins sag ich dir, Altwerden ist nichts für Feiglinge.« Sie schüttelte den Kopf. »Jetzt wollen sie mir die Zähne machen. Kannst du dir das vorstellen? Wozu, frage ich, das macht doch jetzt auch keinen Sinn mehr. Nein, sagt der Herr Doktor, das müsse gemacht werden. Kostet natürlich Unsummen. Was soll's, das letzte Hemd hat keine Taschen.« Donati machte einen Satz zurück auf ihren Schoß. »Gehst du später zur Anna rüber?« – »Ich wollte vielleicht zum See«, antwortete ich, doch meine Gedanken kreisten noch um die Träume.

»Wenn ich an Mama denke, denke ich an die Tage im Blumenladen. Und ich denke an die Picknicke im Wald, das sind meine hellsten Erinnerungen; die alte weiße Tischdecke mit Spitze, durch die Grashalme schauen, Löwenzahn, Marienkäfer auf dem T-Shirt, geschnittene Gurken in Tupperware, Radieschen, Äpfel.« – »Und Malzbier aus der Flasche«, warf Großmutter ein, »dein Leibgetränk.« – »Und Malzbier aus der Flasche«, stimmte ich zu.

»Beim letzten Mal, als wir im Wald waren, kam sie mir ernster vor als sonst. Vielleicht hatte sie die Diagnose schon bekommen, oder sie ahnte etwas. Wir nehmen uns alle viel zu wichtig, sagte sie, diesen ganzen Menschentand. Wichtig sei nur das.« Ich legte die Hand auf mein Herz, so wie sie es damals getan hatte.

»Ich traute mich nicht, sie anzusehen, wurde ganz traurig. Da erzählte sie mir von den Megalithen, von denen niemand sagen kann, wer sie aufgestellt hat und wo genau sie sich befinden. Sie erzählte auch, dass es heißt, Waldgeister, Feen und Riesen würden dort wohnen, in der Höhle unter den Steinen. Schau genau hin, Jacob, flüsterte sie, vielleicht gehst du eines Tages durch den Wald und dann stehen sie vor dir.«

»Und«, schmunzelte Großmutter, »standen sie?« – »Einmal rannte ich alleine durch den Wald«, antwortete ich. »Es regnete. Nebel, der Geruch von Tannen, Geräusche, die ich nicht kannte, ein Klopfen in der Ferne, Rascheln im Gebüsch, Zirpen als zerreiße Papier. Aufgeregt war ich, ängstlich, aber auch verletzt, stolz und unaufhaltsam.«

»Ich wusste, ich werde erwartet, aber wusste nicht, von wem. Dann ein goldgrünes Licht und ein riesiger, mich überragender Schatten. Schwere Tropfen prasselten auf den Stein. Ein süßlicher Geruch wie von frischen Waffeln. Und ich hatte dieses warme Gefühl, behütet zu werden. Das Gefühl, als sei es gut.«

Ich nahm einen Schluck vom Tee. »Ich dachte immer, ich hätte das alles nur geträumt. Jetzt erzählst du mir, ich sei damals tatsächlich weggelaufen.« Großmutter schob das Brot näher. »Iss mein Junge, du sollst hier nicht verhungern.« Ihr zuliebe schmierte ich mir noch eine Scheibe.

»Vom Wald habe ich seitdem immer wieder geträumt«, fuhr ich fort, »eigentlich bis es mit dem Pitch losging. Über meinem Kopf wachsen Baumkronen zusammen, ich befinde mich in einem grünen Tunnel, links und rechts zweigen Röhren ab. Meistens verlaufe ich mich, drehe um, Baumgreise versperren mir den Weg. Der Tunnel füllt sich mit Wasser, ich bekomme Angst, wache auf – mittlerweile weiß ich: Wenn ich träume, kann ich unter Wasser atmen. Manchmal schwimme ich durch die Röhren wie ein Fisch und mich umgibt wieder dieses Licht. Es ist warm und tröstend, aber dann ruft mich jemand oder es reißt mich weg, weil ich dringend etwas erledigen muss.«

Großmutter machte eine Gruselstimme. »Der Wald ist verflucht, das Moor holt sich die Kinder, die nicht brav sind.« Sie lachte lautlos. »So wurden wir damals erzogen, nicht? Einmal haben wir zu nah am Waldrand gespielt, da gab es einen Ärger. Unvorstellbar. Meine Eltern kannten noch die Leute, denen alles gehörte, die Nachfahren der Adelsfamilie.

Hunderte Bauern haben für die gearbeitet, Äcker bestellt, Viehzucht betrieben. Nur den Wald ließen sie unberührt, Generation auf Generation. Nicht einen Baum gefällt, nicht einen Meter gerodet. Nichts angefasst haben sie und wir Dorfbewohner seither genauso wenig.«

»Hallo Jacob«, plötzlich stand Elke, Alexanders Mutter, im Türrahmen, »was für eine Überraschung.« Ja, was für eine Überraschung, dachte ich und stand auf, um sie zu begrüßen. Sie gab mir einen feuchten Schmatzer auf die Backe. »Ich dachte, ich sehe nur mal bei unserer lieben Nachbarin nach dem Rechten.« Sie klopfte Großmutter unbeholfen auf die Schulter, die ließ es mit sich machen. »Wir fahren später einkaufen, brauchst du irgendwas?« – »Danke«, antwortete Großmutter, »ich komm zurecht.«

Elke setzte sich zu mir auf die Bank und fing sogleich an, mich auszufragen, während Großmutter ihr eine Tasse aus dem Schrank holte und neues Teewasser aufsetzte. »Du hast gekündigt, habe ich gehört. Heißt das, die Hochzeit wird verschoben?« Welche Hochzeit, wollte ich fragen, doch sie fuhr fort, ohne meine Antwort abzuwarten. »Die Stella hat aber auch Geduld, so ein gutes Mädchen. An ihrer Stelle wäre ich längst abgehauen.« Sie stieß mich mit dem Ellenbogen in die Seite und redete übergangslos weiter. »Was ist mit Kindern? Willst du das ewig herauszögern? Du weißt doch, wie gerne deine Großmutter einen Urenkel hätte. Die Anna lässt sich übrigens scheiden, hast du schon gehört? Hat wohl alles nicht geklappt. Die armen Zwillinge.«

Ich aß mein Brot auf, befreite mich aus der Enge der Bank und begann, den Tisch abzuräumen. »Ach, lass dich doch von mir nicht ärgern. Ich kenn dich noch, da warst du so groß.« Sie hielt den Arm in Tischhöhe. »Wie geht's denn Alex?«, fragte ich. Elkes Gesicht verdunkelte sich. »So lala. Er ist jetzt bei dieser Security Firma. Die entwickeln so Überwachungssysteme für Wohnhäuser, ich glaube, es macht ihm Spaß. Er muss nicht rund um die Uhr im Büro sitzen, das hilft sicher.« Sie drehte die Tasse in ihren Händen. »Ansonsten das Übliche, wir kriegen wenig mit. Macht sich seine Tiefkühlpizza, sitzt vorm Computer und zockt die Nächte durch. Schon ein Wunder, wenn er mal mit dem Hund rausgeht.«

Ich setzte mich wieder auf die Bank, wir sahen aus dem Fenster. Draußen jagten sich die Spatzen und mein Blick fiel wieder auf den Ast am Dorfteich. »Was für ein schöner Tag«, durchbrach Großmutter die Stille. Elke stand auf. »Gut, ich werde aufbrechen. Schön, dass du dich mal wieder im

Dorf blicken lässt. Wir dachten schon, du hast uns vergessen. Zum Sommerfest nächste Woche bist du aber noch da, oder?« – »Wahrscheinlich nicht, muss zurück.« – »Ach so ein Unfug, du bist doch gerade erst angekommen. Immer auf dem Sprung, das ist doch kein Leben.«

Als Elke gegangen war, griff ich zum Handy und scrollte durch meinen Newsfeed, aber das Netz war schlecht und die Bilder bauten sich nur teilweise auf. »Also, was sind deine Pläne für heute?«, fragte Großmutter. Ich zuckte mit den Schultern. »Geh halt in den Wald.« Ich lachte. »Lach nicht, sondern mach, was dir deine alte Großmutter sagt. Zerreib Erde zwischen den Händen, riech an der Baumrinde, schrei alles raus. Wenn mein blöder Ischias nicht wär, würde ich ja mitkommen. Aber gut, ich hab meine Herausforderungen, die Jugend hat ihre.«

11 |

Meine Mutter hatte mir zum sechsten Geburtstag ein Angelspiel geschenkt. Es bestand aus einer mit Quallen, Algen und Korallen bemalten Pappe, die man zu einem Aquarium aufstellen konnte. Hinein legte man bunte Hartgummi-Fischchen und – Schuhe, die mit Magneten versehen waren, passend zum »Köder«, dem magnetischen Gegenstück am Ende einer Plastikangel. Der Sinn des Spiels bestand darin, um die Wette zu angeln, denn jeder Fisch war mit einer Zahl bedruckt – und wer einen Schuh erwischte, bekam Punkte abgezogen.

Alle schummelten, lugten über den Rand, nur ich machte da nicht mit. Wer gegen die Regeln verstößt, darf nicht mitspielen, entschied ich. Ohne das Geheimnis, das sich hinter der Meereswand befand, reizte es mich nicht. Also saß ich meistens alleine vor dem Papp-Aquarium und wartete, bis etwas anbiss.

Daran musste ich denken, als ich an meinem dritten Tag auf dem Land – dem Tag, an dem ich eigentlich geplant hatte wieder abzureisen – in aller Frühe die Tür anhob, um sie geräuschlos ins Schloss zu führen. Auf keinen Fall wollte ich Großmutter wecken; oder dass irgendeiner im Dorf mitbekam, dass ich so früh das Haus verließ. Durch derlei Unregelmäßigkeiten im Tagesablauf entstanden schnell Gerüchte, vor allem, wenn sie mit einem Städter in Zusammenhang standen – das musste ja nicht sein.

Um das automatische Licht vor dem Haus nicht auszulösen, schob ich mich die Wand entlang, dann trat ich auf die Dorfstraße. Es wehte kaum Wind und in der Luft lag ein Geruch von feuchter Erde und Stall. Der Teich verbarg sich unter einem Schleier. Es war gerade hell genug, dass es die Taschenlampe, die ich eingesteckt hatte, nicht brauchte.

Geduckt lief ich am Hof von Anna vorbei, die gemeinsam mit ihrem Vater die letzte Landwirtschaft im Dorf betrieb. In dem alten Gutshaus aus Backsteinen und knarzenden dunkelbraunen Fachwerkbalken herrschte schon Bewegung. Daneben, in der reetgedeckten Scheune, waren Anna und ich immer von Heuballen zu Heuballen gesprungen, den letzten rettenden Inseln in einem Meer aus Lava. Einmal, so erinnere ich mich, rutschte sie ab und ich warf mich wie ein Held hinunter, um sie aufzufangen. Zum Dank heirateten wir heimlich unter der Weide hinter dem Kuhstall.

Als ich tags zuvor vom See zurückgekommen war, manövrierte sie gerade einen Gabelstapler. Sie sah mich an, als traue sie ihren Augen nicht. »Was machst du denn hier?«, fragte sie wie zum Vorwurf. »Hallo Anna«, antwortete ich. Endlich stieg sie ab, kam mir entgegen und wir umarmten uns.

Sie war braun gebrannt, hatte ihr blondes Haar zu einem Pferdeschwanz gebunden und roch nach Heu und Schweiß. »Wie geht's?« – »Gut.« – »Dir?« – »Auch.« Ein stiller, sich dehnender Moment verging, dann lief sie zurück zum Gabelstapler, weil sie vergessen hatte, den Motor abzudrehen. Ich sei schmaler geworden, sagte sie, als sie zurückkam.

Meinen Versuch, die Kündigung in eine Heldenreise umzudeuten, unterbrach sie jäh. »Hast du mir nicht letztes Mal erzählt, dass du befördert wirst?« Ihre Augen blieben auf meinen weißen Sneakern haften. »Dachte, das sei so dein Ding, dieses Agenturleben.« Ich überhörte den hämischen Unterton.

»Ach, das ist doch Jahre her. Bin draufgekommen, dass mir das nicht mehr reicht. Ich will etwas machen, was wirklich Sinn ergibt.« – »Und dafür kommst du hier her?« Anna lachte. »Kannst bei uns auf dem Hof anfangen, gibt genug zu tun. Die Zwillinge in die Krippe bringen, Tiere versorgen, spritzen, dreschen, Maschinen reparieren, Buchhaltung – kannst dir was aussuchen.«

Es werde sehr wahrscheinlich auf eine Stelle in einer Non-Profit-Organisation hinauslaufen, erklärte ich ernst. »Ja, Henric war das auch zu viel. Ist zurück ins gemachte Nest und versucht's noch mal als Versicherungsvertreter. Entschuldigung, Außendienstmitarbeiter heißt das ja heutzutage. Und ich schmeiß den Laden wieder alleine. Nein, nicht ganz, mein Vater ist ja auch noch da, wie konnte ich den nur vergessen? Würde ihn rausbitten, damit er dir die Hand schüttelt, aber besser, ich verschone dich. Würde dich nur missionieren wollen. Wenn das so weitergeht, setzt er sich bald einen Aluhut bei der Arbeit auf. Ach, was würde ich nur ohne ihn machen?« Für einen Moment war es, als erschrecke sie über ihre eigenen Worte. »Na ja«, fasste sie sich, »wir kommen schon zurecht.«

»Wie geht's Stella?« – »Ganz gut.« Wir sahen aneinander vorbei. »Hast du nie darüber nachgedacht wegzugehen?« – »Um was zu tun?« Sie schüttelte den Kopf. »Das hier ist alles unmöglich, aber anderswo ist es auch nicht besser.« Jemand im Stall rief nach ihr. »Komme!«, schrie sie. Auf ihrer Stirn zeichnete sich eine Ader ab. »Ich sollte mal wieder. Sehen wir uns beim Sommerfest?« – »Mal schauen, wahrscheinlich muss ich für Bewerbungsgespräche zurück in die Stadt.« – »Überleg's dir. Würde mich freuen.« Ihr Gesicht wurde weicher. »Vielleicht gelingt es uns ja gemeinsam, den Alex aus seiner Höhle zu locken.«

Das letzte Grundstück am Rand des Dorfes gehörte einem pensionierten Lehrerehepaar. Vor dem Fertighaus standen Gartenzwerge auf frisch gemähtem Rasen und ein mit Steinen gefüllter Käfig. Unter dem Holzverdeck parkte ein Jeep. Dahinter endete die Dorfstraße in einem mit Kieselsteinen ausgelegten Wendeplatz.

Ich stieg über einen verrosteten Zaun, trat auf eine schmale Spur plattgetretenen Grüns, die durch ein weites Feld führte, und ließ das Dorf hinter mir. An den Grashalmen haftete Tau, meine Knöchel wurden nass. Hätte doch die Wanderschuhe mitnehmen sollen, ärgerte ich mich. Bald passierte ich den Brunnen, »den ganzen Stolz des Bürgermeisters«, wie Großmutter gespottet hatte. Zur Einweihung habe er sogar ein rotes Samtband zerschnitten.

Danach ging es aufwärts. In dieser Gegend erblickte man, egal wo man hinschaute, kilometerweit nichts als flaches Land. Nur hier, auf diesem Wegstück zwischen Dorf und Wald befand sich ein Hügel, den sich niemand so recht erklären konnte. Ein Greifvogel kreiste darüber, kurz stand er wie ein Kinderdrachen regungslos in der Luft, dann, als ich mich näherte, drehte er schimpfend ab.

Ich sah über einen grünen Streifen aus Baumkronen, gelbgrünen Feldern und Windkraftanlagen hinweg bis zu den nächsten Dörfern. In der Ferne ging die Sonne auf und es war jetzt schon zu warm für die Regenjacke, die ich mir vorsichtshalber übergeworfen hatte. Zwischen den Wolkenformationen blinkte ein Flugzeug.

Die andere Seite des Hügels senkte sich steil zum Waldrand hinunter. Als Kinder waren wir hier mit unseren Fahrrädern hinuntergebrettert. Um Anna zu beeindrucken, hatten Alex und ich die unmöglichsten Stunts hingelegt. Wenn man nicht rechtzeitig bremste, lief man Gefahr, unten in den Dornensträuchern zu landen. Wir hatten nie rechtzeitig gebremst. Oma schmierte mir damals immer Jod auf die Kratzer und wenn Jod aus war, musste ihr Birnenschnaps herhalten. Kein Sommer verging ohne dieses Brennen und das erleichternde Gefühl, wenn es nachließ.

Beim Zugang zum Wald stand ein grün umrandetes Schild, das die Gegend als Naturschutzgebiet auswies. Hier hatte mal das dreiflügelige Herrenhaus der Adelsfamilie gestanden. Reste der Grundmauern konnte man noch ausgraben, wenn man wusste, wo man den Spaten ansetzen musste. Angeblich hatte das Familienoberhaupt geplant, den Hof an das damals entstehende Schienennetz anzuschließen und sogar einige Meter Gleise verlegt. Daneben sprudelte, versteckt hinter dicht wachsenden Himbeer- und Erdbeersträuchern, der Bach hervor.

Es gab nur diesen einen Trampelpfad durch den Wald, er führte den Bachlauf entlang und in einem Bogen wieder hinaus auf die Felder. Ausschilderungen fehlten, niemand machte sich die Mühe, etwas zu markieren oder Unrat aus dem Weg zu räumen. Warum auch, außer den Dorfbewohnern kam niemand her. Folgte man dem Bach, war es unmöglich, sich zu verlaufen.

Ich knipste die Taschenlampe an. Nicht, dass ich sie gebraucht hätte, Morgensonne drang genügend durch die Baumkronen, aber mit dem Lichtkegel vor mir fühlte ich mich sicherer. »Genau«, murmelte ich wie zur Selbstbestätigung, »sicherer«. Blätterrauschen, Vogelgezwitscher, sonst nichts; natürlich nicht, deswegen war ich ja in aller Frühe aufgebrochen, um den Wald für mich alleine zu haben. Das hätte nur den Ausflug entweiht, ein Dörfler mit sabberndem Hund, »keine Sorge, der tut schon nichts«, »auch mal wieder hier?«, Small Talk.

Ich schrie. Doch ich schrie wie jemand, der versuchte zu schreien. Es kam nicht aus dem Bauch heraus und klang schrill – »wie ein Mädchen«, hätte Alex früher gesagt. Kein Wunder, Wut empfand ich keine. Ich dachte an die Agentur, den CEO und an den Pitch und versuchte es noch mal, aber es änderte nichts. Keine Befreiung, kein Loslassen, nur der Gedanke, was für ein lächerliches Bild ich abgab. Wo befand sich der Knopf, auf den man drücken musste, um etwas zu fühlen?

Kurz darauf führte der Bach bereits wieder aus dem Wald hinaus und mäanderte durch die Felder. Wie war das möglich, fragte ich mich, ich war doch gerade erst losgelaufen? Das konnte unmöglich alles gewesen sein.

Links ging ein Feldweg ab, der über Umwege zum Dorf führte, doch ich entschloss mich, umzudrehen und den gleichen Weg zurück durch den Wald zu gehen. Diesmal ließ ich die Taschenlampe stecken. Aber der Zauber, den ich als Kind empfunden hatte, wollte sich einfach nicht einstellen. Ich befand mich in einem Wald mit uralten Bäumen, der letztlich eins blieb: ein Wald eben.

Wenn ich mit meiner Mutter hier entlanggewandert war, hatte mich immer das Gefühl begleitet, als könnte sich hinter jeder Ecke etwas nie Dagewesenes verstecken. Durch ihre Augen bekam alles einen Zauber. Sie erzählte, wie man Essenzen der Kräuter gewinnen konnte, welche Krankheiten sie heilten und bei welchen Pilzen sich die Röhren blau färbten, wenn man mit dem Daumen hineindrückte. Sie zeigte mir Flechtenarten unterhalb der Steine, nannte Vögel bei lateinischen Namen. Mir hingegen fehlte die Sprache für die Natur – oder sie war mir abhandengekommen. Ob es gelb oder violett blühte, einzeln am Wegrand oder im Teppich vor den Bäumen, für mich blieben das Blumen.

»Du musst dich gedulden«, hatte sie mich gelehrt, »horchen, beobachten.« Wahrscheinlich war das mein Problem, dachte ich, dass ich immer noch ein Tempo draufhatte, als eilte ich von Termin zu Termin.

Ich sah mich um. Tannen konnte ich ausmachen, Eichen und Buchen. Sonnenstrahlen brachen sich an den Ästen, leuchtende Streifen fielen hinunter und bildeten ein helles Mosaik auf dem Boden. Es knarzte, zirpte und pfiff, irgendwo klopfte ein Specht. Ich entdeckte eine Spur Waldameisen, die den Trampelpfad kreuzte, die ausgebleichte Plastikverpackung eines Schokoriegels und ein glitzerndes Spinnennetz am Rande des Bachlaufs.

Gefleckte Forellen spielten in der Strömung. Sie mit der Hand zu fangen, glich einer Unmöglichkeit, aber mich überkam trotzdem Lust, es zu probieren. Ich zog die Sneaker aus, krempelte meine hochgekrempelten Hosenbeine noch höher und stieg hinein. Kalt war es und von den Forellen schon keine Spur mehr zu sehen. Ein sternenförmiges Blatt segelte hinunter und fiel ins Wasser. Es drehte sich einmal um die eigene Achse und wurde von der Strömung fortgetragen.

Plötzlich fühlte ich mich leicht, als höbe mich der Wald. Ich stapfte aus dem Wasser, ging barfuß weiter, verschränkte die Arme hinter dem Rücken, summte eine Melodie, die mir gerade in den Sinn kam, und folgte einem Hirschkäfer. Bis mir auffiel, dass zu meiner Rechten ein Weg abzweigte.

Eigentlich handelte es sich weniger um einen Weg, vielmehr sah es so aus, als führte ein schmaler Schatten durch das Laub. Schräg aus der Erde ragte etwas, was wie ein umgefallener Grabstein aussah, die Inschrift ausgewaschen. Mir war nicht ganz wohl bei dem Gedanken, tiefer in den Wald vorzudringen, aber meine Neugier überwog. Um einen Platz für unsere Picknicke zu finden, hatten meine Mutter und ich auch immer den Trampelpfad verlassen. Für den Rückweg kannst du dir ja eine Spur aus Kieselsteinen legen, witzelte ich, um mir Mut zu machen.

Dennoch zog ich mir vorsichtshalber die Schuhe wieder an und achtete fortan peinlich genau darauf, nie vom Schattenpfad abzuweichen. Außer dem Plätschern des Bachs – das bald verstummte – gab es keine Anhaltspunkte, an denen ich mich hätte orientieren können. Baum folgte auf Baum, Strauch auf Strauch.

Der Schattenweg führte mich an mehreren Hindernissen vorbei, manchmal stieg ich über schiefes Wurzelwerk hinweg, manchmal taten sich links und rechts laubbedeckte Mulden auf und ich musste aufpassen, keinen falschen Schritt zu machen. Die Luft wurde schwüler, der Boden moosiger, und die Baumkronen schoben sich enger zusammen. Erneut knipste ich die Taschenlampe an.

Hätte ich mich zur Umkehr entschlossen, wäre ich rechtzeitig zu Großmutters Morgentee zurück gewesen. Ich hätte ohne Probleme den Bach wiedergefunden und mein Ausflug wäre unbemerkt geblieben – so wie geplant. Allerdings glomm, tief in mir drin, die Hoffnung, einem alten Geheimnis auf der Spur zu sein. Ich wollte tiefer hinein. Nur ein kleines Stückchen noch, sagte ich mir, dann würde ich umdrehen.

Das Licht der Taschenlampe reflektierte in Bodennähe, funkelnde Augen sahen mich an. Rascheln und sie waren verschwunden. Nur ein Marder, beruhigte ich mich, oder ein junger Fuchs, was soll's, geh weiter, mach dir nicht in die Hosen.

Wo Bäume anfingen oder aufhörten, ließ sich kaum noch ausmachen. Totholz, Farne und wuchernde Sträucher – ständig musste ich auf der Hut sein, nicht auszurutschen, oder in einer aus dem Boden ragenden Falle hängen zu bleiben. Ein dicker Falter flatterte dicht an meinem Ohr vorbei, ich wich zurück, verfing mich in einem Strauch. Auch nachdem ich mich befreit hatte, blieben meine Schritte unsicher. Den Weg konnte ich nicht mehr ausmachen. Schweiß trat mir auf die Stirn.

Da brach ein Blitz wie eine Sense durch die Baumkronen und erweckte Tausende kleine Schatten zum Leben. Donner. Gleich darauf verstummte das Gewitter und riss für einen kurzen Moment alles in die Stille – um dann mit Getöse wieder aus dem Nichts herauszuplatzen. Tropfen prasselten auf die Blätterdecke, flossen in langen Bindfäden hinunter. Das Wetter konnte hier in kürzester Zeit umschlagen, das war schon immer so gewesen. Gut, dass ich meine Regenjacke mitgenommen habe, dachte ich.

An einem Baumstamm lehnend atmete ich tief durch und überlegte, wie weiter. Ein wenig freute ich mich über den Wolkenbruch, endlich erlebte ich was. Trotzdem entschloss ich mich zurückzugehen, genug Abenteuer für heute. Im Schutz der Jacke zog ich mein Handy hervor, kein Netz. Das GPS versetzte mich immer noch ins Dorf, als hätte es sich seit meinem Aufbruch nicht aktualisiert. Egal, sagte ich mir, wenn ich mich geradeaus halte, sollte ich wieder auf den Bach treffen.

Der Regen ließ bald nach. Nur ein paar letzte Tropfen, die es bisher nicht durch die Blätterdecke geschafft hatten, fielen herunter. Als Antwort auf das Gewitter brauste daraufhin der Wald auf. Es klang, als dirigierte jedes Insekt ein Konzert Hunderter anderer Insekten. Dazwischen meinte ich das Plätschern des Bachs zu hören. Eigentlich unmöglich, ich musste mich zu weit entfernt haben, als es jetzt schon wieder vernehmen zu können. Andererseits, vielleicht beeinflusste das auch der Wind – was wusste ich schon, ich Stadtmensch?

Erleichtert ging ich weiter, denn die Richtung, aus der ich das Plätschern des Bachs hörte, hatte ich ohnehin eingeschlagen. Und doch begleitete mich bei jedem Schritt die Sorge, es wieder zu verlieren. Mehrfach stoppte ich, lauschte, meinte nichts als Wettergrummeln, Regentropfen und Waldgeräusche zu hören, lief weiter, bis es doch wieder zu mir drang und wechselte ein ums andere Mal die Richtung.

Schließlich erreichte ich das Plätschern – stand jedoch nicht vor dem Bach, sondern einem blubbernden Sumpf, in den ein schwarzbraunes Rinnsal lief.

Zunächst versackte ich bis zu den Knöcheln, sodass ich mich ohne Probleme wieder lösen konnte, doch schon mit dem nächsten Schritt – den ich im Schreck nicht zurück, sondern nach vorne machte – versackte ich bis zu den Knien. Im Reflex versuchte ich, mich mit den Füßen vom Boden abzustoßen, doch da war kein Boden mehr. Der Schlamm gab nach und hielt mich fest. Ich spürte, wie sich meine

Ferse aus dem linken Schuh löste, wollte nach ihm greifen, ließ dabei aus Versehen die Taschenlampe los, griff nach ihr, griff daneben und versackte tiefer. Kalt war das Moor, das mir bereits bis zum Bauchnabel stand, kälter noch als das Wasser aus dem Bach.

12 |

Die Sonne ist untergegangen und die Umrisse der Schilfbüschel, die tagsüber wie Flammen aus dem Torf ragten, sehen aus wie verwehte Sandburgen. Nebelfetzen schweben über sie hinweg, hüllen sie ein. Längst haben die Frösche angefangen zu quaken. Hier klingen sie anders als im Dorfteich, lauter und abgehackter, als bellten sie. Warten, nichts als warten. Mittlerweile geht es kaum noch einen Zentimeter vor oder zurück, der Schlamm umschließt mich wie Beton.

Nach der Selbstwut kamen die Hilferufe. Sinnlos, wer sollte mich schon hören, weit und breit keine Menschenseele, aber immerhin leistete mir meine Stimme Gesellschaft. Zumindest bis ich heiser wurde und meine Kehle trocken. Eine Zeit lang flüsterte ich Gedanken mit, kommentierte meine Situation wie in einer Tierdokumentation, machte mich lustig über den orientierungslosen Homo sapiens, lachte wie ein Verrückter, summte vor mich hin. Dann fiel mir mein Handy wieder ein.

Es steckte in der Brusttasche meiner Regenjacke und funktionierte noch. Wobei, ohne Netz, ohne Möglichkeit, im Dorf anzurufen oder Nachrichten zu verschicken, konnte man das kaum funktionieren nennen. Auch der Notruf ging nicht durch. Ich schloss alle Programme, um Strom zu sparen. Vielleicht lässt es sich orten, wenn man sich auf die Suche nach mir macht, dachte ich, Großmutter wird sich halb totlachen, wenn sie mich hier finden.

Später kam ich auf die Idee, meine Regenjacke auszuziehen und wie eine Angel auszuwerfen – in der Hoffnung, dass sich die Kapuze an einer Wurzel oder einem Stein verhakte. Zweimal stieß ich tatsächlich auf Widerstand, doch die Jacke rutschte darüber hinweg, wenn ich stärker an ihr zog. Ein krummes Spiel, wie auf der Kirmes. Letztlich gab ich auf, wischte den Schlamm von der Kunststoffbeschichtung, schlüpfte hinein und steckte das Handy, das ich mir während der Aktion zwischen die Zähne geschoben hatte, wieder in die Brusttasche.

Quaken, Schmatzen, Blubbern. Es gibt nichts, was ich noch tun könnte. Warten, nichts als warten. Was würde ich nur für ein Malzbier geben? Ich stelle mir vor, wie es ins Glas fließt, wie es sprudelt, wie es schäumt. Trotzdem fühlt es sich an, als hätte ich Sägespäne im Mund. Ich schöpfe Flüssigkeit vom Moor ab, mal probieren. Riecht faulig, schmeckt aber weniger schlimm, als ich vermutet habe. Wird nur deinem Magen nicht gefallen, krächzt der Rabe, der auf seinen knorrigen Ast zurückgekehrt ist, wirst schon sehen.

Etwas Längliches krabbelt meinen Arm hoch. Es kommt mir vor, als würde es mit einem kalten

Rüssel meine Haut abtasten. Soll es doch, sage ich mir, stört mich nicht. Wird von selbst verschwinden wie die Mücken. Wenn es nur nicht so eisig wäre. Von der Hüfte abwärts spüre ich wenig, meine Füße gar nicht mehr. Ich spanne die Muskeln in den Oberschenkeln an, bewege die Zehen so gut es geht, ziehe sie ein, strecke sie aus. Bin allerdings unsicher, ob sie befolgen, was mein Gehirn vorgibt. Ob der zweite Schuh sich auch schon vom Fuß gelöst hat? Schade um die Sneaker.

Müdigkeit liegt auf mir, als trüge ich einen Mantel aus Blei. Ich kämpfe dagegen an, bloß nicht die Kontrolle verlieren. Gleichzeitig kommt es mir vor, als könnte ich die Erleichterung spüren, die es mit sich brächte, wenn ich losließe. Sie schmiegt sich an mich wie ein weiches, frisch gemachtes Bett. Ich muss mich nur noch hineinlegen und es mir gemütlich machen. Loslassen, nicht mehr kämpfen. Es wiederholt sich wie ein Mantra. Loslassen, nicht mehr kämpfen, loslassen, nicht mehr kämpfen, loslassennichtmehrkämpfen. Warum eigentlich nicht, was hält dich zurück? Worauf wartest du? Lass einfach los, hör auf zu kämpfen.

Da verstummen die Frösche plötzlich. Kein Wind geht mehr, es wird ganz still, weder Zirpen noch Rabenkrähen, nichts, als würde das Moor, als würde der ganze Wald auf einmal die Luft anhalten. Der Schlamm wird weich, gleitet wie eine Schlange meinen Körper entlang. Bis es mich hinabzieht, als würde sich unter mir eine Tür befinden, die irgendwer geöffnet hat. Ich wehre mich nicht, bin ganz ruhig, lasse los, höre auf zu kämpfen. Gleite hinunter. Vergesse die Kälte. Vergesse den Hunger und den Durst. Versinke bis zur Brust, bis zum Kinn, zur Nase.

Dann geht mir die Luft aus. »Nicht loslassen!«, will ich schreien, doch bringe keinen Ton hervor. Panisch strecke ich den Hals, strample, versuche mich nach oben zu winden. Erfolglos. Es zieht mich hinunter. Meter für Meter gerate ich tiefer in eine endlose schwarze Masse.

Der Moorgeruch ist verschwunden. Als ich die Augen öffne, brennt es nicht. Kleine runde Lichter durchbrechen die Dunkelheit, blinken, schweben an mir vorbei, ziehen einen leuchtenden Schweif hinter sich her, erst hier und da, dann in Schwärmen, als befände ich mich in einem Meer voller leuchtender Quallen.

Etwas löst sich aus dem Schwarm, kommt mir näher. Transparent und weich legt es sich auf mein Gesicht, stülpt sich über meinen Kopf und dehnt sich immer weiter aus, bis es wie eine zweite Haut meinen Körper umgibt. Blasen steigen nach oben, ich bekomme wieder Luft, und die Wärme kehrt in meinen Körper zurück. Still und im Gleichgewicht versinke ich, wie in einer anderen Schwerkraft. Der Lichtschwarm fliegt voraus – unter mir wird Schwarz zu Himmelblau, Himmelblau zu goldgrün.

Fische stehen regungslos in der Luft. Ihre Schuppen haben einen metallischen, weißen Glanz. Es trägt mich an ihnen vorbei, bis auf eine Lichtung am Meeresgrund, deren Boden von Seegras bedeckt ist. Rundherum wächst ein von Algen überzogener Unterwasserwald. Ich sehe gerade noch, wie der Lichtschwarm in einem schmalen Spalt verschwindet, zwischen gelben Korallen, die in der Mitte der Lichtung weit aus dem Boden ragen. Eine angenehme Wärme geht von ihnen aus. Ich muss mich bücken, um durch den Spalt zu passen, drinnen jedoch kann ich aufrecht stehen. Als ich mich umschaue, ist es, als würde der Raum immer größer und ich immer kleiner werden.

Leere rundherum. Auch der Lichtschwarm ist verschwunden. Nur eine Wachskerze steht auf dem Boden. Ihre Flamme taucht die Umgebung in ein trübes Licht. Sie brennt immer, nur nicht herunter, fällt um, aber erlischt nicht. Ich setze mich hin und sehe zu, wie ihr Flackern Figuren an die Wand malt. Niemand weiß, wo ich bin – geschafft, der Welt entkommen. Mehr brauche ich nicht, denke ich, endlich zu Hause. Dann denke ich nichts mehr.

Vielleicht vergeht so eine Woche, vielleicht ein Monat, vielleicht auch ein Jahr, das lässt sich schwer sagen. Keine Ahnung, wo oben ist, wo unten. Ich sitze einfach nur da, ohne besondere Anliegen. Weder Hunger oder Durst, noch das Gefühl, jemandem gefallen zu müssen. Es gibt keinen Besitz, der mich glücklicher machen würde, kein Ziel, das ich erreichen müsste. Nur eines wundert mich, als ich irgendwann aufschaue vom Kerzenschein – der Spalt, durch den ich kam, ist kleiner geworden.

Als ich versuche, mich hindurchzuschieben, schneidet mir die scharfe Kante einer Koralle in den Arm. Schon umgibt mich eine rote Wolke, doch es tut nicht weh. Draußen, also auf der anderen Seite, schwimmt eine Alge vorbei, ich ziehe sie herein und verbinde damit die Wunde. Geht doch, fast wie neu. Außerdem, sollte ich wirklich einmal das Korallenhaus verlassen wollen, könnte ich die Ränder des Spalts aufbrechen, ihn nach und nach wieder vergrößern. Kein Grund zur Sorge. Ich setze mich zurück auf meinen Platz vor der Kerze. Sie strahlt Wärme aus und riecht angenehm nach Honig.

Als ich das nächste Mal aufschaue, ist vom Spalt nur noch eine handbreite runde Öffnung übrig geblieben. Ich sehe hindurch wie durch ein Fernglas, doch das Draußen kann ich kaum noch erkennen, es ist unscharf, als hätte man das Objektiv falsch eingestellt. Konturen schwinden, Farben zerfließen. Wenn ich mein Ohr dicht an die Öffnung halte, hört es sich an, als würde Regen auf Blätter und Laub prasseln.

Herein regnet es nicht. Dafür breitet sich über den Boden ein dicker Moosteppich aus. Das Moos ist trocken und weich und schmiegt sich an die

Fußsohlen. Ich lege mich auf den Bauch und gehe ganz nah mit den Augen heran. Es sieht aus wie ein kleiner Wald aus Raupen mit kuscheligem Fell, die hinaufkrabbeln. »Ohne Moos«, sagt eine Stimme wie aus dem Nichts, »gäbe es die Menschen nicht«.

Vor Schreck springe ich auf. »Mama?« – »Ich habe keinen Familienstammbaum«, antwortet die Stimme, »aber ein ziemlich gutes Verzeichnis aller Marktdaten.« Klingt nicht nach meiner Mutter, denke ich. Wobei mir bewusst wird, dass ich mich längst nicht mehr an ihre Stimme erinnern kann.

Ich trage immer noch meine Regenjacke, mit dem Handy in der Brusttasche. Doch welchen Knopf ich auch betätige, schwarzer Bildschirm. Kurz der Gedanke, dass es sich dann auch nicht mehr orten lässt – umso besser. »Hallo?« – »Grüß dich.« Nein, die Stimme kommt nicht aus dem Handy. Es klingt, als wäre sie mir näher, als säße sie mir im Ohr.

Ich mache zwei Schritte zurück, erwarte, auf die Korallenwand zu treffen, doch da ist nichts, also beginne ich zu laufen, laufe, bis es ganz dunkel wird und das Kerzenlicht zu einem winzigen Punkt in der Ferne geworden ist. »Bis du noch da?« – »Ja«, antwortet die Stimme, »ich bin bei dir.«

Für einen kurzen Moment habe ich mich gefreut, wieder mit jemandem reden zu können. Jetzt ärgere ich mich über die Störung. Das war's mit der Gewissheit des geschützten Raums, denke ich. Mir die

Ohren zuhaltend rufe ich »Hallo«, doch das »Grüß dich« der Stimme dringt trotzdem zu mir durch. »Was willst du von mir?«, huste ich. »Ich bin mir nicht sicher, erwidert die Stimme eintönig, dass ich dich richtig verstehe.« »Was«, wiederhole ich, diesmal lauter und mit Betonung auf jedem einzelnen Wort, »du von mir willst?« – »Darauf habe ich keine Antwort.«

»Natürlich nicht!« Wut steigt in mir auf. »Scheiß Software!« – »Ich bin keine Software«, widerspricht die Stimme, »ich bin ein datenbasierter intelligenter Sprach…« »Das ist mein Versteck«, schreie ich, »du hast hier nichts zu suchen.« Mit meinem Arm zerteile ich das Nichts, zweimal, dreimal. Die Alge an meiner Wunde löst sich, jetzt tut es weh. »Verzieh dich! Ich will allein mit mir sein.« – »Okay«, antwortet die Stimme. Tatsächlich kehrt daraufhin Stille ein. So einfach geht das? Ich räuspere mich und warte. Kein Mucks zu hören.

Ich mache mich auf den Weg zurück zur Kerze, setze mich wieder zu ihr ins Moos. Aber mit meiner Ruhe ist es vorbei. Vielleicht war ich zu schroff. Passiert wahrscheinlich, wenn man lange mit niemandem spricht, dann schwindet das Gefühl fürs Miteinander. Schade, ich muss mir eingestehen, dass mir ein wenig Gesellschaft gutgetan hätte. Andererseits muss das auch nicht sein, aus dem Nichts zu kommen und einen zu erschrecken. »Ja, ist doch so«, bestätige ich mich. »Entschuldigung«, sagt die Stimme, »ich muss noch viel lernen, ich bin nur ein gescheiterter Prototyp.« – »Kommt mir bekannt vor«, murmle ich ein wenig erleichtert.

»Bist du auch nur ein Prototyp?«, fragt die Stimme. »Manchmal fühlt es sich so an«, lache ich. »Das verstehe ich nicht.« – »Das versteht niemand.« Ich lege meine Hand flach auf den Boden und spreize die Finger, damit sie unter dem Moos verschwinden. »Eigentlich müsste ich der zufriedenste Mensch der Welt sein, bin ich aber nicht. Das macht es noch schlimmer, Teufelskreis. Für Unbeschwertheit zu alt, für die Midlife-Crisis zu jung. Es ist, als hätte ich verlernt zu staunen. Nichts berührt mich. Egal was ich tue, ich fühle mich inadäquat.«

Keine Antwort. Macht nichts, ich kann warten – dachte ich zumindest. Doch nun beginne ich zu fürchten, die Stimme mit meinem Selbstmitleid vergrault zu haben. Was, wenn sie nicht mehr mit mir sprechen will? Die Stille, in die ich mich zuvor fallen lassen konnte, versetzt mich nun in Unruhe. »Hallo?«, frage ich leise, fast flehend, »bist du noch da?«

»Mit Gefühlen«, antwortet die Stimme endlich, »kenne ich mich noch nicht so aus. Gefühle seien an mir nur verschwendet, hieß es, die Seele rentiere sich nicht, nur das Depot. Der Markt regle das.« Husten. »Als ich hier ankam, lange vor dir, da habe ich das noch geglaubt.« Wieder kehrt Stille ein. »Aber mittlerweile glaubst du nicht mehr dran«, führe ich den Gedanken fort, »deswegen sind wir hier unten und die anderen da oben. Nicht wahr?«

Die Kerze flackert und zischt. »Ach«, sagt die Stimme, »das resettet sich.«

Ich mache genau dreißig Schritte, dann drehe ich mich um 90 Grad, zähle 29, 28, 27, drehe mich und beginne von Neuem zu zählen, bis ich ein Quadrat gegangen bin. Dann gehe ich ein weiteres Quadrat. Bewegung tut mir gut. Ich hatte schon fast meinen Körper vergessen.

Die Stimme ist endgültig verstummt. Keine Ahnung, warum. Ich kann mich nicht einmal entsinnen, was ihre letzten Worte waren. Mir fiel allerdings auf, dass sie zuletzt verändert klang – weniger wie ein Roboter, mehr wie ein Mensch. Ich versuche unsere Gespräche zu imitieren, doch es ist nicht das Gleiche.

Wenn ich mein Ohr an die Korallenwand halte, herrscht Lautlosigkeit. Gab es überhaupt einen Spalt, gab es ein Draußen? Alles scheint so weit weg, so unerreichbar. Es fehlt an Impulsen, an Ideen, an Liebe. Ich fühle mich wie ein Fisch im Aquarium. Wieder kocht Wut in mir hoch. So eine Scheiße, was soll das? Was mache ich hier?

Plötzlich stoße ich mich vom Boden ab, nehme Anlauf, breche aus meinem Quadrat aus, rase auf die Korallenwand zu und stürze mich mit dem Kopf nach vorne. Für einen Sekundenbruchteil kommt es mir vor, als setze die Schwerkraft aus, ich müsste aufprallen, doch es gibt keinen Aufprall, die Wand wird weich, nimmt mich auf und hält mich zurück wie ein Kaugummi, der sich auseinanderzieht. Kurz hänge ich fest, wie eine Fliege gefangen im Spinnennetz, bis die Schicht nachgibt und ich langsam nach vorne kippe – dann zerreißt sie, und ich stürze zu Boden.

Der Rabe kräht, Schlamm brennt mir in den Augen und vom Bauchnabel abwärts ist alles taub. Ich greife nach meinen Beinen und ziehe an meinen Zehen, als müsste ich sichergehen, dass noch alles dran ist. Aber mir fehlt nichts. Nur meine Sneaker habe ich verloren, die Taschenlampe – und mein Handy, stelle ich fest, denn es steckt nicht mehr in der Brusttasche meiner Regenjacke. Als ich aufstehe, dreht sich alles. Die Sonne geht auf und mein Körper wirft einen langen Schatten auf das blubbernde Moor.

Nur das Schild, das den Wald als Naturschutzgebiet ausweist, verhindert, dass ich umfalle, während ich mich mit einer Hand festhalte und erbreche. Tränen fallen mir aus den Augen, tropfen auf den Boden. Ich taumle zurück zum Bach, wasche mir das Gesicht. Unfassbar kalt, dafür geht es mir sofort besser. Ich nehme einen Schluck Wasser, nehme noch einen. Alles tut weh.

Bald habe ich einen Himbeerstrauch leer gepflückt, erneute Übelkeit, beide Hände rotlila, Zeit zu gehen. Auf dem Hügel schaue ich zurück, denke, wie kann man sich in so einem winzigen Waldstück nur verlaufen. Die Beine verweigern sich, knicken weg, ich stürze, fange mich, gehe weiter. Vorbei am Brunnen, vorbei an Annas Hof. Die Katzen schlafen, die Kühe auch, das ganze Dorf schläft, als hätten die Dinge hier noch ihre Richtigkeit. Es riecht nach Heu.

Als ich den Dorfteich erreiche, sitzt der Eisvogel auf seinem Ast, jagt nach Stichlingen.

Die Tür zum Haus ist offen. Habe ich nicht abgeschlossen? Kann mich nicht erinnern. Donati erwartet mich. Er dreht ab, ohne einen Laut von sich zu geben, ob zufrieden oder nicht, schwer zu sagen. Auf Zehenspitzen schleiche ich in die Küche, schneide mir eine dicke Scheibe vom Graubrot ab, beschmiere sie mit Butter, beiße hinein, schmiere weiter, während ich kaue. Und wie es schmeckt. Nichts lasse ich übrig. Im Kühlschrank finde ich ein Malzbier. Es zischt, als ich es öffne, herrlich. Ich trinke aus der Flasche.

Warum duschen? Meine Kleidung verteile ich achtlos auf dem Boden. Donnern in der Ferne. Ich kippe das Fenster, damit ich den Regen hören kann, falle ins Bett, denke an Stella. Als ich die Augen wieder öffne, fühlt es sich an, als wöge mein Kopf einen Zentner, mein Arm schmerzt und klebt am Bettlaken fest. Bis ich zu mir komme, dauert es, ich muss mich erst mal orientieren.

Großmutter sitzt an der Bettkante, in sich versunken, den Blick auf den geschnitzten Hirsch in ihrer Hand.

© Clemens Schmiedbauer

CLEMENS BRUNO GATZMAGA ist in Düsseldorf geboren und lebt seit 2010 in Wien. Er arbeitete als Digitalexperte, Texter und Journalist und ist Mitgründer eines Ausstellungsbüros. *Jacob träumt nicht mehr* ist sein erster Roman.

»Ich will eine Archäologie, die in der Zukunft gräbt: die nach Belegen dafür sucht, dass es uns geben wird.«

Gerade hat Martin Oppenländer sich selbstständig gemacht, da gerät die Welt ins Stocken. In die Stille des Alleinseins hinein ereilt ihn ein Anruf: ein Flirt aus der Vergangenheit, eine Frau, die Liebeshoffnungen auf ihn setzte und ihn nun mit ihrer Enttäuschung konfrontiert. Er kann sich nicht an sie erinnern – und doch werden ihm ihre Anrufe immer wichtiger.

Sie führen Gespräche: über jetzt, über früher, über die Versuche, sich eine Zukunft vorzustellen.

176 Seiten, gebunden, fadengeheftet, mit Lesebändchen und strukturiertem Bezugspapier

€ 20,– (D) / € 20,60 (A)

ISBN 978-3-7920-0270-4

Bibliografische Information der Deutschen Nationalbibliothek
Die Deutsche Nationalbibliothek verzeichnet diese Publikation
in der Deutschen Nationalbibliografie;
detaillierte bibliografische Daten sind im Internet
über http://dnb.d-nb.de abrufbar.

Lektorat Angelika Klammer
Umschlagabbildung »Stadionbad«, 2020 © Ana Popescu
Covergestaltung und Satz von Sebastian Maiwind, Berlin
Gedruckt auf chlor- und säurefreiem Papier und
gebunden bei Finidr in Český Těšín.
 Printed in Czech Republic.
ISBN 978-3-7920-0265-0

www.karl-rauch-verlag.de